U0139209

文史哲學集成

吳福助著

秦始皇刻石考

文史哲出版社印行

國立中央圖書館出版品預行編目資料

秦始皇刻石考 / 吳福助著. -- 初版. -- 臺北市
: 文史哲, 民83
面 ; 公分. -- (文史哲學集成 ;321)
參考書目:面
ISBN 957-547-881-9(平裝)

1. 石刻

794 83006925

㉜⑴ 文史哲學集成

秦始皇刻石考

著者：吳福助
出版者：文史哲出版社
登記證字號：行政院新聞局局版臺業字五三三七號
發行人：彭正雄
發行所：文史哲出版社
台北市羅斯福路一段七十二巷四號
郵撥〇五一二八八一二彭正雄帳戶
電話：三五一一〇二八
印刷者：文史哲出版社

實價新台幣二〇〇元

中華民國八十三年七月初版

ISBN 957-547-881-9

自序

秦始皇是開創嬴秦大帝國的雄君。他即位爲王後，繼承並發展了商鞅一派的法家政策，因而能夠在短短的十年中，憑藉著秦孝公以來六世的餘烈，以風捲殘雲之勢，掃滅東方六國，從而結束了西周到戰國八百多年諸侯割據的局面，建立了規模宏遠、空前未有的統一的中央集權君主專制政體的大帝國。這在當時是符合歷史發展要求，具有重大進步意義的。

秦帝國創建之初，各地區的政治情況還不很鞏固，原因是：第一，疆域遼闊，邊疆地區很難控制。第二，六國新亡，殘存的六國貴族還很多，他們不甘心滅亡，時刻企圖叛亂復辟。第三，邊境地區人口稀少，經濟和文化都比較落後，又有強大的戎、翟部族侵擾，特別是北方的匈奴、東胡等遊牧部族的侵擾，威脅還很大。因此，秦始皇在即皇帝位後到逝世前的十二年中，爲了廣播聲威，鞏固統治，曾先後五次大規模地出巡。秦始皇帝好大喜功，自以爲功超三皇，德高五帝，他的巡遊天下，每次都有豪華的儀仗和龐大的車隊，「大駕屬車八十一乘，法駕半之。」（《後漢書・輿服志》）群臣隨從，浩浩蕩蕩，一派雄偉顯赫的場面！這樣的巡行，雖然具有遊玩、享樂、求仙的附帶作用，其最主要目的卻是在於到全國各地去耀武揚威，加強控制。

秦始皇「親巡天下，周覽遠方」（〈會稽刻石〉），除了西南地區以外，幾乎巡遍了全國各個重要地區。途中每到名山勝地，往往刻石立碣，誇示威德，前後凡有七次。這些刻石文，強烈譴責了諸侯分裂戰爭帶給人們的災難和不幸，熱情地宣揚秦始皇發動統一戰爭的正義性，歌頌秦始皇統一天下後所帶來的社會安定，並且倡導「以法治國」的國策指導思想，以及廢封建、置郡縣、統一制度和法律、統一文字、統一度量衡、整頓民俗等等一系列維護新政權的各項積極措施。秦始皇通過自我評價，強化自己的統治，肯定自己推行的政策，這對於當時全國臣僚及社會各階層人民，無疑地起了相當大的鎮攝及教化作用。刻石文可謂是創建秦帝國規模的寶貴文獻資料。

秦文化研究，目前已成為國際矚目的顯學。隨著近年大批秦文物的出土，秦文化的各個角度、各個層面，以及其歷史過程和發展規律，都有大批的學者正在潛心鑽研，熱烈討論。

在這樣的時代熱潮之下，重新審視秦傳統文獻的內容，加以整理疏釋，以與新出土文物相互印證，是絕對有其迫切需要的。本書依據《史記》所載秦始皇刻石史實，採擷歷代金石學有關論著，加以疏理貫通，論述歷代原刻石及其拓本流傳存佚大略，俾作為進一步深入探討的基礎。至於秦始皇刻石文所反映的政治、法律思想與秦相關文物制度的關係，秦代對秦始皇的稱頌，刻石韻文的文體特質及其在中國傳統文學上的地位與影響，這些都是筆者計劃從事研究的專題，限於時間，只有留待他日完成了。

民國八十三年七月　**吳福助**序於東海大學寶秦山房

秦始皇刻石考　目次

秦始皇刻石考

秦始皇是開創嬴秦大帝國的雄君。他憑藉秦孝公以來六世的餘烈，以風捲殘雲之勢，掃滅六國，統一宇內。從而尊號稱帝，廢封建，行郡縣，設官定律，建立中央集權君主專制制度。銷鋒鑄鐻，以示寢兵。改正朔，易服色。致力營建新首都咸陽，以集中天下之視聽。治馳道，歲時巡行郡縣，以搏固一統之局。又北逐匈奴，南定閩越，築萬里長城，以固護疆土。統一文字、貨幣與度量衡。整頓社會風俗。焚書坑儒，立以古非今之禁。尊王學，斥家言。定一尊於朝廷，綜百家於博士。這是中國歷史上國家首次眞正統一，有大規模統一政府之始。其開國規模，可謂宏深卓犖，邁越前代。從而結束了上古氏族封建的歷程，開啓中古以下兩千年，以漢族爲主體的統一國家疆域及制度文物的先河，予國史不可磨滅的影響。

秦始皇巡行郡縣，在其滅六國後在位十二年中，凡有五次。其目的是爲了「以示強，威服海內」(註二)，宣示統一天下的功德，藉收鎮攝、教化的作用。《史記·秦始皇本紀》載其經過如下：

第一次出巡（始皇二十七年，西元前二二〇）西巡隴西、北地二郡（今甘肅省東部），出雞頭山（在甘肅平涼縣，相傳黃帝曾登此山），向匈奴展示秦皇帝的威力。東還，過回中宮（今陝西隴縣西北）以歸。

第二次出巡（始皇二十八年，西元前二一九）東巡上鄒繹山（在山東鄒縣），刻石頌功德。又上泰山，舉行封禪大典，刻石紀功。又並渤海以東，過黃（黃縣）、腄（牟平縣），窮成山（在文登縣），登之罘山（在山東福山縣東北）。又南登琅邪臺（在山東諸城縣），大樂之，留三月。東周時越王勾踐滅吳，遷都琅邪，築高臺盟諸侯，尊奉周天子。秦始皇徙黔首三萬戶居臺下，復十二歲，用以表揚勾踐尊周，鼓勵越人內向。繼又建造琅邪臺，刻石頌功德。其後遣徐市入海求神仙。還過彭城（江蘇銅山縣），再西南渡淮水，往赴衡山（安徽霍山縣）、南郡（今湖北地），舟行至湘山（湖南岳陽縣西南）遭大風，秦始皇怒，使刑徒三千人斫樹成光山，向湘神誇示皇帝的威力。自南郡由武關（陝西商縣）歸。

第三次出巡（始皇二十九年，西元前二一八）東巡至陽武博浪沙（河南陽武縣東南），爲盜所驚。登之罘，刻石紀功。然後經琅邪，從上黨（山西長治縣）還入關中。

第四次出巡（始皇三十二年，西元前二一五）東北至碣石（山海關秦皇島），刻石紀功。求神仙不得，於是巡北邊，經右北平、漁陽、上谷、代、雁門各郡，從上郡（陝北）歸。

第五次出巡（始皇三十七年，西元前二一〇）先南巡至雲夢澤（今洞庭湖一帶），登九疑山（在湖南寧遠縣），望祀虞舜。順江而下至丹陽（江蘇江寧縣），再東南渡浙江到錢塘（杭州市），登會稽山（在紹興）祭大禹，並刻石頌功德。然後北行，過吳城，渡江再到山東琅邪，復令方士徐市入海求神仙。

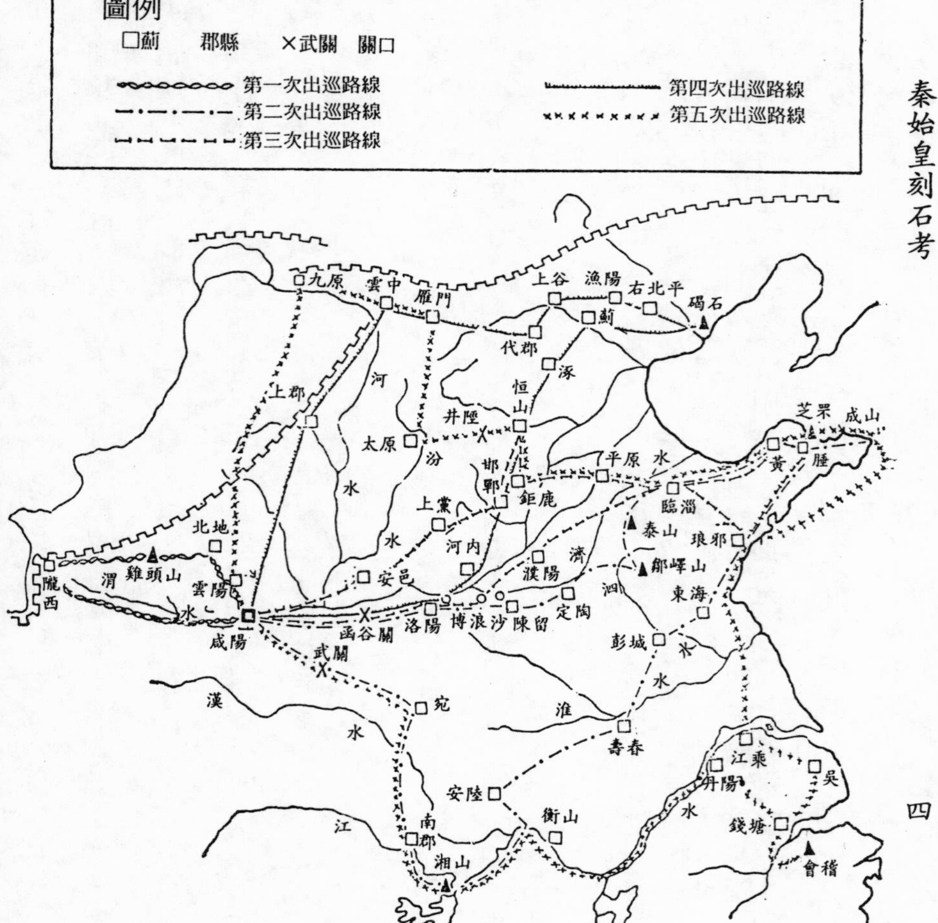

秦始皇巡遊全國路線示意圖

（採自郭志坤《秦始皇大傳》）

又自琅邪北至榮成山、之罘。至平原津（山東平原縣）而病，卒於沙丘（河北平鄉縣）。

秦始皇巡遊天下，東窮燕齊，南極吳楚，在高山名勝之地，立石自頌功德，據上所述，凡有嶧山、泰山、琅邪、之罘、碣石、會稽六處。案刻石是嬴秦文化的特色。今存我國最早的刻石「石鼓」十枚，便是戰國中業秦獻公十一年（西元前三七四）的作品，它是篆書之祖，也是《詩經》三百篇之外以十首爲一組的組詩。其後六十四年，即秦武王元年（西元前三一〇），有〈詛楚文〉刻石三枚，是今存古代咀咒他國唯一完整的記錄，唯原石已佚。再其後九十一年則有秦始皇刻石（註二）。這三樣歷史上頗富盛名的刻石，無論從銘刻、文學、文字、書法等方面來看，都有其相互傳承發展的關係，是先秦其他國家所未見的。殷商、西周及東周春秋時代，凡用來記錄豐功偉績、嘉言懿行的重要史實，都託諸青銅器以垂久遠。但春秋以後，銅材難得，鑄器手續煩重。如改用竹帛，既不便長久保存，也難以公諸大衆。刻石的興起，正可以彌補這些缺憾。由於當時冶鐵技術的進步，鐵製生產工具廣泛使用，利用鐵器採斵鐫刻岩石，十分便利。加以石材巨大笨重，不易遭受毀棄掠奪，載文面積較廣，便於公開陳列，其來源供給更不虞匱乏，因而自戰國，特別是秦漢以後，得以取代青銅器紀功追遠的功能。秦始皇刻石，便是繼承和發展了舊有嬴秦刻石文物的優點，適時地用來宣揚自己的德威，考察矯正各地的政教風俗，佈告天下後世的。這些刻石就古人訪求記錄來看，岩石係就地取材，表面粗糙，高大笨重，色質晦暗堅硬，形狀近似石鼓，亦即圓柱形的「碣」，是較原始的刻石。（到了漢代才有長方形較細緻的「碑」。）

秦二世元年（西元前二〇九），東巡碣石，並海南，歷泰山，至會稽，盡刻勒始皇所立石書旁，以彰始皇之功德。《史記．秦始皇本紀》云：「春，二世東行郡縣，李斯從。到碣石，並海，南至會稽，而盡刻始皇所立刻石，石旁著大臣從者名，以章先帝成功盛德焉。」《史記》錄載其刻辭云：「皇帝曰：『金石刻盡始皇帝所爲也。今襲號而金石刻辭不稱始皇帝，其於久遠也如後嗣爲之者，不稱成功盛德。』丞相臣斯、臣去疾、御史大夫臣德昧死言：『臣請具刻詔書刻石，因明白矣。臣昧死請。』制曰：『可。』」二世刻辭今唯繹山、泰山兩刻石拓本及琅邪原石存世。

劉勰《文心雕龍．封禪》：「秦皇銘岱，文自李斯。法家辭氣，體乏弘潤，然疏而能壯，亦彼時之絕采也。」又唐鄭亞〈太尉衛公會昌一品制集〉序：「秦始皇并一區宇，丞相李斯實掌其言。……李斯以刻石紀號之文勝。」（《欽定全唐文》卷七三〇）又晉衛恆《四體書勢》：「秦時李斯號爲工篆，諸山及銅人銘，皆斯書也。」（註三）唐李嗣眞《書後品》：「李斯小篆之精，古今妙絕，秦望諸山（謂會稽刻石等）及皇帝玉璽，猶夫千鈞強弩，萬石洪鐘，豈徒學者之宗匠，亦是傳國之遺寶。」（註四）李斯輔佐秦始皇二十餘年，位居丞相，贊襄規畫統一天下、創建帝國大業。刻石文之文辭及法書，世皆以爲出自其手，大體可信。刻石文典雅堂皇，質樸疏壯。其小篆用圓線條書寫，結體謹嚴，筆畫均勻，遒麗典重，兼而有之，爲秦代官書的標準字樣，亦篆書登峰造極之作。

張其昀《中華五千年史》（第八冊秦代史）云：「秦代刻石，大半出於李斯之手，用著雄壯的氣魄，典雅的文句，中正和平的音節，把秦帝國的政治武功，皇帝的胸襟器宇，以至六國的破滅，版圖的擴大，天下太平的景象，都在那些文字裡顯露無餘。」又柳詒徵《中國文化史》（第一編第三十章）亦謂其「金石文辭，光耀海內。文字之美，與其流傳之久，皆爲史記（指古代史籍）所僅見，是豈不尚文教者所能乎？」後代雖對嬴秦帝國之法制極力貶抑，獨於秦始皇刻石卻倍加寶愛傳存，不無原因。

秦始皇刻石歷代書目著錄，一見於《漢書·藝文志》六藝略春秋類，云：「《奏事》二十篇——秦時大臣奏事，及刻石名山文也。」二見於《隋書·經籍志》小學類：「《秦皇東巡會稽刻石文》一卷。」清姚振宗《考證》：「此一卷乃會稽石刻搨本一種，非其全也。」三見於《隋書·經籍志》總集類：「梁有《秦帝刻石文》一卷，宋會稽太守褚淡撰，亡。」姚振宗《考證》：「宋時會稽石刻猶在，褚爲太守，摹搨以傳。然此題《秦帝刻石文》，又列在封禪類中，或併連泰山、之罘諸石刻亦未可知也。」以上三書早已亡佚。茲依《史記》，並以容庚〈秦始皇刻石攷〉爲基礎，採擷歷代金石學有關論著，加以疏理貫串，論述秦始皇刻石經過，以及歷代原石及其拓本流傳存佚大略，俾供誦讀刻石文，作進一步學術研究，或臨摹書法之參考。

一、繹山刻石

《史記·秦始皇本紀》：「二十八年，始皇東行郡縣，上鄒嶧山。立石，與魯諸生議，刻石頌秦德。」所謂鄒嶧山，原名邾嶧山，又名鄒山、嶧山，《史記》張守節《正義》引《國系》云：「邾嶧山亦名鄒山，在兗州鄒縣南三十二里。魯穆公改『邾』作『鄒』，其山遂從邑變。山北去黃河三百餘里。」《大清一統志》（卷一六五）：「按鄒山，即嶧山。古無鄒山之名，〈禹貢〉、〈魯頌〉皆止稱嶧，《史記》始兼稱鄒嶧，蓋以地冠山，〈鄒山記〉所謂山從邑變是也。」秦始皇刻石作「繹山」（詳下），今從之（註五）。其山在今山東鄒縣東南。

登繹山是始皇東巡之始，立石繹山，刻石頌秦功德，又為始皇刻石之始。始皇刻石文七篇，《史記．秦始皇本紀》具載其六，獨於繹山刻辭見遺，這是否由於後人傳鈔誤脫，抑或司馬遷別有去取理由，頗費後人猜疑。清盧文弨《鍾山札記》（卷四）云：

> 案似文（指《史記》）有脫誤，嶧山刻石乃七篇中之第一篇也，史公必不特刪此篇，疑「鄒嶧山」下，即當云「刻石頌秦德」，便接以「其辭曰」云云，如後數篇之式。

大抵由於後人傳鈔脫誤之說較為合理。

有關繹山刻石之記載，《後漢書．郡國志》「魯國、騶縣」下，梁劉昭注云：「有鄒山，高五里，秦始皇刻石焉。」唐封演《封氏聞見記》（卷八）所述尤詳：

> 〈鄒山記〉云：「鄒山，蓋古之繹山，始皇刻碑處，文字分明。始皇乘

羊車以上，其路猶存。」按始皇刻石紀功，其文字李斯小篆。後魏太武帝登山，使人排倒之（事見《宋書》）。然而歷代摹拓，以為楷則。邑人疲于供命，聚薪其下，因野火焚之。由是殘闕不堪摹寫。然猶上官求請，行李登陟，人吏轉益勞弊。有縣宰取舊文勒于石碑之上，凡成數片，置之縣廨，須則拓取。自是山下之人，邑中之吏，得以休息。今人間有繹山碑，皆新刻之碑也。

又杜甫〈李潮八分小篆歌〉云：「嶧山之碑野火焚，棗木傳刻肥失眞。」封演和杜甫都是盛唐時人，根據上述可知繹山原石唐代已經焚燬，一般流行的是依據舊拓翻刻的新碑拓本，以及迎合當時書法風尚，肥胖而失眞的木版雕印傳刻本。又北宋董逌《廣川書跋》（卷四）云：

陳伯脩示余嶧山銘，字已殘缺，其可識者廑廑耳。視其氣質渾重，全有三代遺象。顧泰山則似異，疑古人於書不一其形類也。嶧山之石，唐人已謂棗木刻畫，不應今更有此。然求其筆力所至，非後人摹傳搨臨可得放（仿）象，故知摹本有至數百年者。夏鄭公嘗得此本，益可信也。

據此則似北宋時原石拓本猶存人間，只惜如今已無從考見了。

後代流傳的繹山刻石拓本，重要的凡有長安本（圖一）、紹興本（圖二）、鄒縣本（圖三）三種。長安本是北宋鄭文寶依據南唐徐鉉所授摹本刊石於長安的。石高八尺八寸，廣四尺三寸。文十五行，行十五字。後刻鄭文寶〈記〉，楷書。該石明代中斷，以磚嵌之。今存陝西西安碑林，篆字多已剝落，鄭〈記〉亦缺蝕。〈記〉云：

> 秦相李斯書繹山碑，跡妙時古，殊為世重。故散騎常侍徐公鉉酷耽玉箸（註六），垂五十年，時無其比。晚節獲繹山碑摸（摹）本，師其筆力，自謂得思於天人之際。因是廣求己之舊跡，焚擲略盡。文寶受學徐門，粗堅企及之志。太平興國五年（九八〇）春，再舉進士不中，東適齊魯，客鄒邑，登繹山，求訪秦碑，邈然無覩，逮于旬浹。怊悵于榛蕪之下，惜其神蹤將墜於世。今以徐所授摸（摹）本刊石于長安故都國子學，庶

博雅君子，見先儒之指歸。淳化四年（九九三）八月十五日承奉郎守太常博士陝府西諸州陸計度轉運副使賜緋魚袋鄭文寶記。（清王昶《金石萃編》卷四）

至於紹興本，則係元申徒駉以秦刻校徐摹，重鐫於越庠稽古閣者，容庚〈秦始皇刻石攷〉謂今存紹興府學尊經閣下。鄒縣本則係元宋德迺據宋張文仲所刻，重勒於山東鄒縣者，其碑今佚。後兩本行款均與長安本同，唯筆畫略異。案上述三種拓本，以長安本最負盛名，明楊士奇《東里續集》云：「嘗見陳思孝論嶧山翻本次第云：長安第一，紹興第二，浦江鄭氏第三，應天府學第四，青社第五，蜀中第六，鄒縣第七。」（註七）長安本在諸本中被推許爲第一，足見其受尊崇的程度。唯不知徐鉉當日所得摹本，出於何本？又鄭文寶據以刊刻的「徐鉉所授摹本」，不知是否出諸徐氏所臨寫？前賢有以爲長安本出自徐鉉所藏原石搨本者，如歐陽輔《集古求眞》（卷十一）：「以字體勘之，似非臨寫所能到。文寶〈記〉固云『獲摸本』。」有以爲出自徐鉉所臨寫者，如吳玉搢《

金石存》（卷三）：「徐氏所摹，不知出於何本。鼎臣兄弟以善鼎名當世。此本雖臨古字，實以己法運之，故縝密茂美，是唐以後書，無先秦以上遺意也。」又陳直《史記新證》：「審其筆畫，疑爲徐鉉之臨本。」甚至有以爲係鄭文寶所臨寫者，如趙崡《石墨鐫華》：「鄭文寶本，正臨自鉉者，僅存形似，無復神情。」大抵繹山原石在唐代既已「殘闕不堪摹寫」，而長安本卻全文完整，筆劃無有缺遺，其出自徐鉉所臨寫的可能性最大。而拓本雖經名手鈎摹，良工鐫刻，法度賅備，神態完美，究與眞蹟相去有間，葉昌熾《語石》（卷一）嘗謂長安本「以泰山、琅邪眞秦篆相較，不僅優孟衣冠之誚」，其缺失自不能免。

茲據清王昶《金石萃編》所作長安本釋文，依韻分行抄錄如下（韻腳旁加．號，異體字、假借字隨文注出，以下諸篇同）：

皇帝立國（註八），維初在昔（註九），嗣世稱王（註一〇）。
討伐亂逆（註一一），威勳（動）四極（註一二），武義直方（註一三）。
戎臣奉詔（註一四），經時不久，滅六暴強（註一五）。

廿有六年，上薦高號（註一六），孝道顯明（註一七）。

既獻泰成（註一八），乃降尃（溥）惠（註一九），窺（親）輙（巡）遠方（註二〇）。

登于繹山（註二一），群臣從者（註二二），咸思攸（脩）長（註二三）。

追念亂世（註二四），分土建邦，以開爭理（註二五）。

功（攻）戰日作（註二六），流血於野，自泰古始（註二七）。

世無萬數，陀（施）及五帝（註二八），莫能禁止（註二九）。

迺今皇帝，壹家天下，兵不復起（註三〇）。

熘（災）害滅除，黔首康定（註三一），利澤長久（註三二）。

群臣誦（頌）略（註三三），刻此樂石（註三四），以著經紀（註三五）。

皇帝曰（註三六）：「金石刻，盡始皇帝所為也。今襲號（註三七）而金石刻辭不稱『始皇帝』（註三八），其於久遠也如後嗣為之者，不稱成功盛德。」

丞相臣斯（註三九）、臣去疾（註四〇）、御史大夫（註四一）臣德昧死言（註四二）：「臣請具刻詔書，金石刻因明白矣。臣昧死請。」制曰（註四三）：「可。」

又繹山刻石文爲後人採入總集，始見於《古文苑》。《古文苑》不著編輯者名氏，據云係北宋孫洙得自佛寺經龕者，韓元吉爲之重編，章樵復加注釋，序言並稱其書乃唐人舊編，專收錄史傳所不載，《昭明文選》所不錄之文。今取瞿鏞鐵琴銅劍樓藏宋本《古文苑》以校長安本，知《古文苑》所錄多非其舊，如「廿有六年」作「二十有六年」；（章樵注：「句皆四字，『二十』當合爲『廿』，音入。」）「⿱穴親⿰車巛」作「親巡」；（章樵注：（《史記》載泰山文：「親巡遠方黎民」，國朝大觀中汶陽劉跂親至泰山絕頂，見其碑，模之以歸，乃作『親（當作⿱穴親）⿰車巛遠黎』。」）「繹山」作「嶧山」；「陀及」作「阤及」；「⿰火甾害」作「災害」；「昧死」作「冒死」；可知非但唐人舊編疏誤，即章樵作注時，也未能取得拓本詳爲校訂，殊令人感到遺憾。

二、泰山刻石

《史記·秦始皇本紀》云始皇二十八年上繹山刻石後，「乃遂上泰山，立石。封，祠祀。下……禪梁父。刻所立石。」可知始皇泰山之行除刻石外，還舉行祭祀天地的封禪大典。唯泰山刻辭僅敘始皇巡狩以時（詳下），不書封禪事，可見立石書詔別爲一事，並非因封禪而發。

有關泰山刻石的形狀和存佚情形的記載，晉《太康地記》云：「樹（豎）石太（泰）山之上，高三丈一尺，廣三尺，秦之刻石云。」（唐張守節《史記正義》引）北宋初年，泰山刻石業已殘損，歐陽修《集古錄》云：

> 《史記》秦始皇帝行幸天下，凡六刻石。及二世立，又刻詔書于其旁。今皆亡矣。獨泰山頂上二世詔僅存數十字爾。……余友江鄰幾謫官於奉符，嘗自至泰山頂上，視秦所刻石處云：「石頑不可鐫鑿，不知當時何以刻也。其四面皆無草木，而野火不及，故能若此之久。然風雨所剝，其存者纔此數十字而已。」

又趙明誠《金石錄》（卷一三）亦云：

> 秦泰山刻石，大中祥符歲，真宗皇帝東封此山，兗州太守模本以獻，凡

四十餘字。其後宋莒公（庠）模刻于石，歐陽公（修）載于《集古錄》者，皆同。蓋碑石為四面，其三面稍磨滅，故不傳。世所見者特二世詔書數十字而已。

宋徽宗大觀年間，劉跂親至泰山絕頂，見碑四面有字，因摹以歸，編成《泰山秦篆譜》一書，其序言詳述訪求經過及刻石形狀云：

《史記》載秦始皇帝及二世，皆行幸郡縣，立石刻辭，今世傳泰山篆字，可讀者惟二世詔五十許字，而始皇刻辭，皆謂已亡，莫可復見。宋丞相莒公（庠）鎮東平日，遣工就泰山摹得墨本，以慶歷戊子歲（一〇四八），別刻新石，親作後序，止有四十八字。歐陽文忠公《集古錄》亦言友人江鄰幾守官奉高，親到碑下，纔有此數十字而已。余以大觀二年（一一〇八）春，從二三鄉人登泰山，宿絕頂，首訪秦篆，徘徊碑下。其石埋植土中，高不過四、五尺，形制似方而非方，四面廣狹皆不等，因其自然，不加磨礱。所謂五十許字者，在南面稍平處，人常所摹搨，故士大夫多得見之。其三面尤殘缺蔽闇，人不措意。余審觀之，隱隱若有字痕，刮摩垢蝕，試令摹以紙墨，漸若可辨；自此益加工摹之，然終意其未也。政和三年（一一一三）秋，復宿嶽上，親以氈椎從事，校以他本，始為完善。蓋四面周圍，悉有刻字，總二十二行，行十三字。字從西南起，以北、東、南為次，西面六行，北面三行，東面六行，南面七行，其末有「制曰可」三字，復轉在西南稜上。每行字數同，而每面行數，乃不同如此，廣狹不等，居然可見。其十二行是始皇辭，其十行是二世辭。以《史記》證之，文意皆具，計其缺處，字數適同。于是泰山秦篆遂成完篇。（《學易集》卷六）

劉跂所述立石南北方向，正與原初相反，董逌《廣川書跋》（卷四）云：

二世元年，東行郡縣，並海，南至會稽，盡刻始皇所立石，石旁著大臣從者名。如此則泰山刻石，始皇帝所立。始皇詔書刻其三面，二世詔宜在其陰。今石南面為二世詔書，始皇帝刻詔書乃在北、西、東三面。蓋石仆而後人起立植之，以其一面稍完，故立之南鄉（向），此其故也。河間劉跂披抉剔去其翳蝕處，得字九十有八，班班可知。以《史記》考之，其詞可讀。明年余至泰山，就視其石，高纔八、九尺，方面二尺餘，以亂石培其下。昔所建立，蓋鑿石為穴，下寢其中，歲久摧仆，則後人累石固其趾以存，至字則止，此未可以遠期也。

依董氏推斷，始皇頌文原應由東面起而南而西書寫，二世詔則在北面，此正與琅邪刻石始皇頌文由東面起而南，二世詔在西面之制符合（詳下節），足見泰山刻石方向經後人移易之說可信。至於劉氏謂石高四、五尺，而董氏謂八、九尺，相差以倍，這可能是董氏係就原石言之，而劉氏僅就埋植土中高出於地上者言之的緣故。而兩人所言高度，皆經目驗，當屬可信。前引晉《太康地記》云「高三丈一尺」，或恐誤記。

泰山刻石拓本流傳，以劉跂《泰山秦篆譜》最負盛名。此本刻於劉跂宿嶽歸來之後。序云：

余既得墨本，並得碑之形象制度以歸，親舊聞之，多來訪問。倦于屢報，乃為此譜。大凡篆字二百二十有二，其可讀者百四十有六，今亦作篆字書之。其毀缺及漫滅不可見者七十有六，以《史記》文足之，注其下。譜成揭壁間，久幽沈晦之跡，今遂歷然。（《學易集》卷六）

清嚴可均《鐵橋金石跋》（卷一）詳考劉譜流傳經過云：

泰山秦篆小字譜凡三刻于石。《金石錄》云：汶陽劉跂（斯立）親至泰山絕頂，見碑四面有字，乃摹其文刻石，自為後序，此初刻也。潘駙馬（正夫）取入《絳州帖》，行列段數，周匡剝泐，悉仍跂舊，惟跂于缺字七十六以《史記》足之注其下，並自為後序，帖皆刪去，此再刻也。元申屠駉（會稽刻石跋）云：「至元間，行臺侍御史李處巽獲劉跂所摹本，刊於建業郡庠。」明楊東里《續集》亦云：「應天府學有此譜刻石，余得之張士謙。」此三刻也。跂原石久佚，所見惟絳州帖而已。都元敬（穆）所收劉譜（見《金薤琳琅》卷三），蓋即至元刻本。應天府學為

二、泰山刻石

今江寧縣學，其石未必遽毀，俟更訪得之。

又清吳玉搢《金石存》（卷二）記訪求李處巽本云：

予嘗屢過其地（指應天府學），唯見吳〈天發神讖碑〉，及李處巽所摹繹山碑在尊經閣下，而泰山譜無有，問之人亦莫有知者。

由上記述，可知劉跂《泰山秦篆譜》初刻本已佚，其後《絳帖》本、李處巽本兩種，皆自劉譜翻刻者。李處巽本亦佚。今唯《絳帖》本存（圖七）。《絳帖》本行款段數及周匡剝泐，即悉沿劉跂之舊，其存一百四十六字，闕七十六字，亦與《秦篆譜》序所說符合，堪謂充分保留《秦篆譜》原貌，殊可寶貴。案此外尚有明安國藏本一種（圖四、圖五），視《絳帖》本尤佳，爲嚴氏所未及見，容庚〈秦始皇刻石攷〉云：

安國本，明安國舊藏，今由藝苑真賞社印行。合殘泐之字計之，得一百六十五字，視《秦篆譜》為多。取《絳帖》本校之，其多于《絳帖》者，大抵皆半泐之字。惟「治道運行」之「運」字，「靡不清淨」之「淨」

字獨完整。……《秦篆譜》序謂：「其毀缺及漫滅不可見者七十有六，以《史記》文足之注其下。」此本經剪裱，無《史記》文之注，且與《絳帖》略有異同，故未敢即斷為《秦篆譜》本。末有安國題跋，云「桂坡再題。」則其第一跋或述明此本來歷，為人割去。石花板滯，始皇頌與二世詔清晰相若，使為原拓本，宋庠、江休復二人不當不見，其從《秦篆譜》出而非原石拓本則無可疑。或者其王壽本乎（註四四）？今所見泰山刻石以此本為最佳。

容氏所謂彼未嘗見之安國初跋文，今則明載於日本東京二玄社影印書道博物館藏本中。安國〈跋〉篆筆籤題，詳敘此本來歷及優劣，並斷言其爲宋劉跂原石拓本，與容氏謂自《秦篆譜》出之說不同。茲用今楷將安國〈跋〉釋錄如下：

右秦封泰山碑，李斯妙蹟也。因在泰山之頂，摩拓維艱，故流傳絕少。昔年余得朱才甫所藏五十餘字本，鑑家已歎為罕覯，余亦深自慶幸。嗣有人傳述潁上寓公李介人家藏有四面全拓本，存字極多，稱為墨林鴻寶，雖不能見，心嚮往之。真賞齋主中甫老弟嗜古成癖，聞之怦怦心動，屬舜臣昇（具）幣求易，居然得請以歸。詢其所損，倍於子固〈蘭亭〉，可謂重人欲而不顧兼金矣。有人以捷足先得相告者，余曰：「世間神物，祇求得所，何必定屬於我乎！」今重裝既成，主人命前過我，並攜此冊見委曰：「近見君用篆筆籤題〈石鼓〉，深可炁（愛）玩，此碑能否亦以篆筆著語乎？」余曰：「唯唯。」攷此碑在宋尚極完全，因唐季仆而復立，當事者因詔文一面上下較完，遂植以外向，拓者避難趨易，每多就此一面施工，歲月寖久，習焉不察，以為彼三面沒字久矣。大觀中汶陽劉跂，歎秦篆之久湮，恐神蹤之將墜，爰躳（躬）登岱頂，親至碑下，披榛斬棘以出碑，刮蘚剔苔以得字，洗濯拂拭，精摩以歸，於是全碑之文始顯，竝刻譜行世。斯碑之獲傳，實劉氏之功也。惜其時崇尚晉、唐碑帖，於秦篆、漢隸絕少研求，故劉氏後竟未聞有人再拓石，亦漸佚。至朱才甫訪拓，僅得最後四行，行首「丞相」等字已不可見，今則併此而亡矣。想當日劉氏摩拓，不止一本，為時不久，必尚有流布人間者。此本紙墨奇古，氈蠟周至，為劉氏所拓之一，可斷言也。裝冊十四葉有半，共計存字一百六十字，雖非全文，已得七八。劉譜所稱二百二十有二者，特據碑約計之辭耳。冊中並無私人印記，僅有「麗澤書院」一印。書院為課埶（藝）之地，豈劉氏分存此本供多士楷模與（歟）？不知何由入於李氏之篋也。冊中第四面除「刻」字余本遺脱外，餘悉同，可見余本亦宋時所拓。世傳墨本或有更在其前者，如宋真宗東封，兖州守摩本以獻，宋莒公據以刻石者，亦僅此詔文一面，其拓本余曾見之於刻也，「後、嗣、功、丞、大」字無而不摹，故僅得四十七字耳。今劉譜既鮮流傳，宋莒公亦不易得，所見者僅《絳帖》中縮摹之本，形神既失，譌誤亦多。郎（琅）邪雖存詔文數十字，筆畫粗肥，已失真意。他若嶧山、會稽之非以真本覆摹者，更不足論矣。今既得此絕無僅有之本，儻精意鉤摹勒石行世，其傳古之功當不在鄭文寶、宋莒公、申屠駉諸人下也。

二、泰山刻石

主人於晉唐遺蹟尚勒帖以傳之，距有遇此先秦篆寶，反淡漠視之者乎？余日望之矣。桂波老人安國題於十鼓齋中。

又云：

宋鄭文寶覆刻嶧山碑，詔文之字，小於頌詞，此據後人臨本覆摹，不知當日秦刻何如也。此碑則前後相同，惟第四圖之字驟見之，似稍覺薄弱者，因此圖顯露日久，既歷雨淋日炙之天時，復經敲火礪角之人事，加以不時椎擊，石膚磨移，筆畫之深，幾減其半，故間有拓及字底時呈水石剌者，此物理之自然，非人力所能補助，轉不若彼三面之封閉日久，猶得保存其雄強渾厚之致爾。主人以為何如？桂坡又題。

茲據《絳帖》本（見容庚《古石刻零拾》），參酌安國本，依刻石原式，爲作釋文。其兩本並闕之字，補以方框，而用《史記》文足之如下：

皇帝臨立（位）（註四五），作制明[法]（註四六），[臣下脩飭]（註四七）。

廿[有]六年（絳闕）（註四八），初（絳闕）并[天下]，[罔]不[賓][服]（註四九）

窺（親，絳闕）軵（巡）遠黎（註五〇），登茲泰山，周（絳闕）覽東極（註五一）。

從臣思速（迹）（註五二），本原事業，祇誦（頌）功德（註五三）。

治（絳闕）道運（絳闕）行（註五四），者（諸）產得宜（註五五），皆有法式（註五六）。

（以上西面五行，原在東面。）

大義著明（註五七），陲（垂）于後嗣（世）（註五八），順承勿革（絳闕）（註五九）。

皇帝躬聽（註六〇），既平天下，不（絳闕）懈於治（註六一）。

夙（絳闕）興夜寐，建設長利（絳闕），專隆教誨（註六二）。

（以上北面三行，原在南面。）

訓（絳闕）經宣達，遠近畢理，咸（絳闕）承聖志（註六三）。

貴賤分明，男女體（禮）順，慎遵職事（註六四）。

昭隔內外（註六五），靡不清淨（絳闕），施于昆嗣（註六六）。

化及（絳闕）無窮，遵（絳闕）奉遺詔，永承重戒（註六七）。

皇帝曰（註六八）：「金石刻，盡」始皇帝所為也。今襲號而金石

（以上東面六行，原在西面。）

刻辭不稱

『始皇帝』，其於久遠也（絳闕）如後嗣（絳闕）為

之者，不稱成功盛德。」

丞相臣斯，臣去疾，御史夫＝（大夫）臣德

昧死言：

「臣請具刻詔書，金石刻因明白

矣。臣昧死請。」

（以上南面七行，原在北面。）

制曰：「可」。

（此行轉在西南稜上，原在東北稜上。）

又泰山刻石傳世別有所謂二十九字本（圖八），係明嘉靖間，北平許某（嚴可均謂爲明弘治中僉事濼河許莊）至泰山頂上，從榛莽中得之，移置碧霞元

君宮東廡，僅存二十九字，以隸書跋其後。萬曆十七年（一五八九）吳同春〈游泰山記〉云：

讀秦篆碑與劉跂所記稍不券合，苦三面嵌壁，不能盡辨。令數力士出諸壁，乃知僅存劉所云云之半。劉謂正面七行，今止存石畔三行。而其三面欲就巖安置，各加鑿削，俱非當時之舊矣。滌洗搨摹，字形隱隱莫辨。第得石之真面目，與無字碑瑩澤無異（註六九）。已，令數力士復嵌于壁。

（乾隆《泰安縣志》卷十一引）

此石清乾隆間燬於火，嘉慶間蔣因培搜得碎石二片於玉女池，止殘餘十字（圖六，其中七字完好，三字半殘），嵌置東嶽廟西寶斯亭，後以圯覆，移置山下道院壁間。自許某發現以來，清人皆信以爲眞秦刻（註七〇），及至宋翔鳳（《秦泰山刻石殘字考》）。潘祖蔭、張德容（《二銘草堂金石聚》卷一）乃始疑出宋人覆刻。近人歐陽輔《集古求眞》（卷十一）亦以爲非眞：

按十字本與二十九字本，均不足信。以十字與二十九字對勘，筆畫已有不同。以二十九字與四十七字（指李處巽本）對勘，字體更多不合。所有四十七字本，或亦為宋人所摸，然字體與明應天本同，與琅邪刻石亦合，可證原刻如此。乃知許、蔣二石，非偽託亦覆刻之殘剩耳。且原石為方形，其毀也，必碎礫不能成片。

容庚〈秦始皇刻石攷〉尤力辨其僞：

清人之信此本為真者，大抵以明許某之跋，及吳同春〈游泰山記〉為根據。而吳氏已言「非當時之舊。」而其所以非當時之舊者，則以「其三面欲就巖安置，各加鑿削。」案原石方面二尺餘，安置不難，何致削石而就巖，一也。《集古錄》引江鄰幾言「石頑不可鐫鑿。」吳氏言「與無字碑瑩澤無異。」二也。以安國本相校，有絕似處，而泐蝕更甚，神采不如，三也。有此三證，故敢斷言廿九字本之非真秦刻。

容氏之說，證據確鑿，廿九字本僅爲後世覆刻，並非秦刻原石，殆無可疑（註七一）。由此而再翻石者，有岱廟本、聶鈫泰山本、阮元北湖祠塾本、孫星衍平津館本、蔣因培泰山本、吳雲焦山本、梁章鉅公輸子祠本等（註七三）。若今存十字殘石，又出覆刻之遺，陳澧學堂本，即係翻十字本者。

三、琅邪臺刻石

《史記．秦始皇本紀》云始皇二十八年登鄒嶧山、泰山刻石後，「南登琅邪，大樂之，留三月。乃徙黔首三萬戶琅邪臺下，復十二歲。作琅邪臺，立石刻，頌秦德，明得意。」琅邪臺在今山東省諸城縣東南海濱琅邪山上，《括地志》：「琅邪山，在密州諸城縣東南百四十里。始皇立層臺於山上，謂之琅邪臺，孤立衆山之上。秦王樂之，立石山上，頌秦德也。」（唐張守節《史記正義》引）又伏滔《地記》：「琅邪城東南十里，有郎山，即古琅邪臺也。秦始皇二十八年至琅邪，大樂之，留三月，作琅邪臺。臺亦孤山也。然高顯出於衆山之上，高五里，下周二十餘里。山上壘石爲臺，石形如塼，長八尺，廣四尺，厚尺半。三級而上，級高三丈。上級平敞二百餘步。刊石立碣，紀秦功德。」

（《太平御覽》一七七引）其地秦時屬琅邪郡治，爲黃海沿岸重要商埠。

琅邪臺刻石流傳至宋，字跡蝕滅，僅存從臣姓名及二世詔，蘇軾〈書琅邪臺篆後〉云：

今頌詩亡矣。其從臣姓名僅有存者，而二世詔書具在。……蜀人蘇某（軾）來守高密，得舊紙本於民間，比今所見，猶為完好，知其存者，磨滅無日矣。（《東坡集》卷二三）

又趙明誠《金石錄》（卷一三）亦云：

其頌詩亡矣，獨從臣姓名及二世詔書尚存，然亦殘缺。

清阮元《揅經室》三集（卷三）記其親往訪求，詳考刻石形制實況云：

琅邪臺在諸城縣治東南百六十里。臺三成（層），成（層）高三丈許。最上正平，周二百步有奇。東、南、西三面環海，迤北為登臺沙道。臺上舊有海神祠、禮日亭，皆傾圮。祠垣內西南隅，秦碑在焉。色沉黝，質甚粗而堅若銕（鐵）。以工部營造尺計之，石高丈五尺，下寬六尺，中寬五尺，上半寬三尺，頂寬二尺三寸，南北厚二尺五寸。今字在西面。（案「今字」指下文所云今存二世從官名及詔書十三行八十六字。）至於始皇詔則在東面，僅存字形。南面久泐，多宋金人題名，蘇軾守密時題字亦在其中。）碑中偏西裂寸許。前知縣事泰州宮懋讓鎔銕（鐵）束之（案事在乾隆二十八年），得以不頹。前知縣事倉父某於碑南面磨平迸裂痕（案即知縣程澇，事在順治年間），刻「長天一色」四隸字，自署名而隱其姓，蓋同一有事於此，而學與不學分矣。碑之秦始皇頌詩及從臣姓名久剝去，今所存者二世從官名及詔書十三行八十六字。其首行「五大＝」，二行「五夫＝楊樛」，皆二世所刻從官名，《史記》所言：「二世元年春，東行郡縣，李斯從，盡刻始皇所立刻石，石旁著大臣從者名。」是也。或指為始皇從臣姓名之末行，誤矣。自「皇帝曰」以下與《史記》文句無少異。今計首行「五夫＝」三字，二行「五夫＝楊樛」五字，三行「皇帝曰：金石刻，盡」七字，四行「始皇帝所為也，今襲」

八字，五行「號，而金石刻辭不稱」八字，六行「始皇帝，其於久遠也」八字，七行「如後世為之者，不稱」八字，八行「成功盛德」四字，九行「丞相臣斯、臣去疾，御」八字，十行「史夫＝臣德昧死言，臣」九字，十一行「請具刻詔書，金石刻」八字，十二行「因明白矣，臣昧死請」八字，十三行「制曰：『可』」三字。上下各刻一線為界，下線之下有碎點星星，殆椎鑿使然。自二行第二字至末行第一字有橫裂痕，第三行、八行、十行之前，皆有直裂至底如雨漏痕。第十二行前裂痕半至第五字而止。綜計每行八字，二行與三行相間少遠，詔書與從臣名不相屬也。三行止七字者，為四行「始皇」提行地也。後六行、八行、十三行並提行矣。末行三字，漫漶特甚。餘皆可指而識也。碑字高，跂足始可及。拓時須天氣晴朗，否則霧重風大，拓不可成。碑上薜荔皆滿，捎去，周視之，再無可辨之文矣。別有熙寧中蘇翰林（軾）守密，令廬江文勛模刻之本，在超然臺上，相距百餘里，與此無涉。

及清末此石頓失，民國間始復檢出，容庚〈秦始皇刻石攷〉記其經過云：

光緒廿六年（一九〇〇）四月前後一日午後大雷雨，此石頓失，僉云傾墮海中。二四年（一九三五）一月，余游濟南，晤山東圖書館長王獻唐先生談及此石。王君告以此石復出，為之狂喜，屬為覓照本。閱一月，王君郵致照本及拓本。其拓本以余所藏王戟門舊藏拓本校之，漫漶加甚，無大差異。其復出之由，後有民國十五年王景祥跋云：「中華民國十年，景祥承乏邑中教務，迭奉省令保存古蹟，遂屬縣視學王君培祐親往琅邪臺從事搜尋。見零星斷石棄置荊棘中。地處海濱，保護匪易，恐日久淪沒，乃亟運城中。詳繹其文，尚多殘缺。翌年春，王君復往訪諸道院及臺下居人，又得數石。綜校前後所獲，竟成完璧。爰命工黏合，嵌置教育局古物保存所中。」今此石歸民眾教育館保存（圖十一）。二千一百五十餘年石刻失而復得，猶得與十刻石（指前述翻刻泰山十殘字石）並傳，斯大幸也。

三、琅邪臺刻石

琅邪臺刻石拓本可考者，北宋有文勛本，已佚，蘇軾〈書瑯琊臺篆後〉云：

熙寧九年丙辰（一〇七六），蜀人蘇軾來守高密，得舊紙本（指琅邪臺刻石拓本）於民間，比今所見（指刻石）猶為完好。知其存者磨滅無日矣。而廬江文勛適以事至密。勛好古善篆，得李斯用筆意。乃摹諸石置之超然臺上。（《東坡集》卷二三）

及清初有原石本，僅二世詔十二行，凡八十四字。阮元遣書佐至其地，剔秦篆於榛莽中，拓之多得首行「五夫」二字，凡十三行，八十六字。又有嚴可均寫本（圖十），係嘉慶十三年（一八〇八）八月，嚴氏據《史記》所載仿家藏舊拓本式重寫全文，字形大小悉依眞蹟。同治十一年（一八七二）周昌富鉤摹上石。每半葉三行，行四字，凡十八葉。後有周昌富、沈善登、吳雲、嚴辰、顧恩來五人跋。

琅邪臺秦始皇刻石全文，既無古拓本可資參證，茲鈔錄《史記》所載如下：

維廿六年（註七三），皇帝作始（註七四）。

端平法度（註七五），萬物之紀（註七六）。

以明人事，合同父子（註七七）。

聖智仁義，顯白道理（註七八）。

東撫東土，以省卒士（註七九）。

事已大畢，乃臨于海（註八〇）。

皇帝之功，勤勞本事（註八一）。

上（尚）農除末（註八二），黔首是富（註八三）。

普天之下，摶（專）心揖（輯）志（註八四）。

器械一量（註八五），同書文字（註八六）。

日月所照，舟輿所載。

皆終其命，莫不得意（註八七）。

應時動事，是維皇帝（註八八）。

匡飭異俗（註八九），陵（凌）水經地（註九〇）。

三、琅邪臺刻石

憂恤黔首，朝夕不懈·(註九一)。
除疑定法，咸知所辟·(避)(註九二)。
方伯分職(註九三)，諸治經易·(註九四)。
舉錯(措)必當，莫不如畫·(註九五)。
皇帝之明，臨察四方·(註九六)。
尊卑貴賤，不踰次行·(註九七)。
姦邪不容，皆務貞良·(註九八)。
細大盡力，莫敢怠荒·(註九九)。
遠邇辟(避)隱，專務肅莊·(註一〇〇)。
端(正)直敦忠，事業有常·(註一〇一)。
皇帝之德，存定四極·(註一〇二)。
誅亂除害，興利致福·(註一〇三)。
節事以時，諸產繁殖·(註一〇四)。

黔首安寧，不用兵革（註一〇五）。

六親相保，終無寇賊（註一〇六）。

驩（歡）欣奉教，盡知法式（註一〇七）。

六合之內，皇帝之土（註一〇八）。

西涉流沙，南盡北户。

東有東海，北過大夏（註一〇九）。

人迹所至，無不臣者（註一一〇）。

功蓋五帝，澤及牛馬（註一一一）。

莫不受德，各安其宇（註一一二）。

維秦王兼有天下，立名為皇帝，乃撫東土，至于琅邪。列侯武成侯王離、列侯通武侯王賁、倫侯（註一一三）建成侯趙亥、倫侯昌武侯成、倫侯武信侯馮毋擇（註一一四）、丞相隗林（註一一五）、丞相王綰、卿（註一一六）李斯、卿王戊、五大夫趙嬰、五大夫楊樛（註一一七）從，與議于海上（註一一八），曰：「古之帝者，地不過千里（註一一九），諸侯各守其封域，或朝或否，相侵暴亂，殘伐不止，猶刻金石，以自為紀。古之五帝三王，知教不同，法度不明，假威鬼神（註一二〇），以欺遠方，實不稱名（註一二一），故不久長。其身未歿，諸侯倍（背）叛，法令不行。今皇帝并一海內，以為郡縣，天下和平。昭明宗廟，體道行德，尊號大成。郡臣相與誦皇帝功德，刻于金石。以為表經（註一二二）。」

今存原石共十三行，並原空一行計之凡十四行。茲據日本二玄社影印原石拓本（圖九），依原式釋文如下：

五夫＝（大夫）□□（此二字應為趙嬰）

五夫＝（大夫）楊樛

（原空一行）

皇帝曰：「金石刻，盡

始皇帝所為也。今襲

號，而金石刻辭不稱

始皇帝，其於久遠也

如後嗣為之者，不稱

成功盛德。」

丞相臣斯、臣去疾、御

史夫＝（大夫）臣德昧死言：「臣

請具刻詔書，金石刻

因明白矣。臣昧死請。」

制曰：「可。」

案「維秦王兼有天下」至「以爲表經」一段，文體與前面頌辭迥異，清方苞、日本中井積德以爲是頌辭之前序，盧文弨以爲是後跋（以上諸說並見瀧川資言《史記會注考證》引）。容庚〈秦始皇刻石攷〉則力言除從臣姓名外，皆非刻石所有：

《史記》中段「維秦王兼有天下」，及從臣姓名，末段「與議海上」為韻文。除從臣姓名外皆非刻石所有。何以證之？〈始皇本紀〉云：「始皇所立刻石，石旁著大臣從者名」（註一二三）。此刻石所存之字，「五大夫楊樛」之下直接二世詔書，無「從與議于海上曰」以下一段韻文。並可推知「維秦王兼有天下，……至于琅邪」四句亦非刻石之文。此一證也。末段或二句為韻，或三句為韻：里、否、止、紀四韻在之部，明、方、長、行四韻在陽部，平、成、經三韻在耕部，與前後刻石文六韻或十二韻方轉韻者不同。且句之字數，四字至七字，長短參差，與他刻石四字為句者不類。此二證也。陳介祺〈與吳大澂書〉云：（同治十二年）秋間，拓工往琅邪臺訪得始皇詔刻在石東面南面。石裂後明刻「長天一色」大字。西面二世詔前「五大夫」一行。五大夫楊樛乃從臣題名。惜始皇詔僅存字形（《簠齋尺牘》五冊本第一冊）。今以石之大小計之，石高丈五尺，下寬六尺，中寬五尺，上半寬三尺，頂寬二尺三寸，南北厚二尺五寸。碑字趾足始可及，則距地約六尺，刻字之處寬約五尺，刻字約得三十二行，東西兩面寬二尺五寸，刻字約得十六行。末段之韻文實不能容。此三證也。或謂末段言刻石頌德，假使刪去，則前段文義為未完。然泰山刻石未有刻石頌德之語可為比例。阮元謂石刻「首行『五大夫』，二行『五大夫楊樛』皆二世所刻從官名」（《揅經室集》卷三）。王昶駁之，謂「據〈本紀〉則首行闕處是趙嬰名也。蓋十人之名每行一人。趙嬰以前尚有八行，皆始皇立石時與議之人，非二世從官。」（《金石萃編》卷四）陳壽祺亦駁之，謂「自始皇二十八年刻石琅邪至二世東行相距十載，豈必從官五大夫楊樛等悉無改異。如二世詔書後丞相臣斯臣去疾，御史大夫臣德，與始皇時大臣丞相隗林王綰，卿李斯王戊，前後各殊可證也。且使其果為二世從臣，不宜列皇帝詔書之前，此則察察足以明之矣。」（《左海文集》卷三）故嚴可均寫定本刪去「維秦王」以下二十字，又刪去「從與議于海上曰」以下一段，直接二世詔書，是也。

方苞等人之說，但據後世文體臆測，並無實據，遠不如容庚考證之確鑿可信。

此段既非刻石原文，則當出自後人增飾僞造了。

至於末段二世詔書，既爲原石眞蹟，今取《史記·秦始皇本紀》二世元年下所載，以及繹山、泰山拓本所摹，加以對勘，其文字完全符合。（《史記》「金石刻」作「刻石」，顯係後人傳抄脫誤。）案近世出土秦權後段，亦有補刻二世詔書者，云：「元年制詔丞相斯、去疾，法度量，盡始皇帝爲之，皆有刻辭焉。今襲號而刻辭不稱始皇帝，其於久遠也，始後嗣爲之者，不稱成功盛德。刻此詔，故刻左，使毋疑。」（見羅振玉《秦金石刻辭》）其辭意與刻石相同，並可互參。

四、之罘刻石、東觀刻石

《史記·秦始皇本紀》云始皇二十八年東巡，登鄒嶧山、泰山後，「於是乃並勃（渤）海以東，過黃、腄，窮成山，登之罘，立石頌秦德焉而去。」其事在南登琅邪之前。又云：「二十九年，始皇東游。……登之罘，刻石。」可知始皇凡兩度登之罘山，可能二十八年係先行立石，二十九年則刻所立之石。

之罘山在今山東福山縣東北三十五里。其地位於山東半島北邊，濱臨黃海。始皇登之罘凡兩刻石，其一爲之罘刻石，係登之罘山而作。其一爲東觀刻石。則登之罘臺觀而作（註一二四）。《後漢書．郡國志》東萊郡黃縣下，梁劉昭注引《地道記》云：「縣東二百三十里至海中，連岑有土道，秦始皇登此山，刻二碑。東二百三十里有始皇、漢武帝二碑。」所云始皇二碑，當即指之罘、東觀二刻石而言。此兩刻石北宋尚存殘字，《訪碑錄》云：「秦李斯篆。圖經云在牟平縣西北九十里之罘西頂上。」（宋陳思《寶刻叢編》卷一引）又歐陽修《集古錄》跋尾（卷一）云：

> 秦篆遺文纔二十一字，云「於久遠也，如後嗣為，成功盛德，巨去疾、御史大夫臣德」，其文與嶧山碑、泰山刻石二世詔語同而字畫皆異，惟泰山真為李斯篆爾。此遺文或云麻溫故學士于登州海上得片木有此文。
>
> （此節引文用陳思《寶刻叢編》卷一所引參校）

歐陽棐《集古錄目》亦云：「疑後人所傳模也。」蓋兩歐陽氏並疑其非眞。趙明誠《金石錄》（卷三）則云：

案《史記》，始皇二十九年登之罘山凡刻兩碑，今皆磨滅，獨二世詔二十餘字僅存。後人鑿石取置郡廨。歐陽公（修）《集古錄》以為非真。又云「麻溫故學士於登州海上得片木有此文，豈杜甫所謂『棗木傳刻肥失真』者邪？」此論非是。蓋杜甫指嶧山碑非此文明矣。之罘在秦屬東萊，今屬登州。

據趙氏之言，則此殘字乃石刻而非片木，唯不知其究爲之罘刻石，抑或東觀刻石之二世詔？案今所見宋大觀中汝州守王寀所編刊《汝帖》（圖十二），僅刻二世詔書五行，行三字，凡十四字，行款及大小皆改易非原式（註一二五）。其文字與歐陽修所見同，而較少「於、爲、御史大夫臣」七字。明都穆《金薤琳琅》（卷二）記其所見宋庠（莒公）賜書堂本，比《汝帖》多「御史大夫臣」五字，凡十九字。鄭樵《通志》金石略云：「之罘刻石可辨者十九字」，字數與賜書堂本符合，當即歐陽修所云「秦代遺文纔二十一字」，後又沒滅二字。鄭樵又云：「之罘大篆可辨者六十字。」此或即指東觀刻石，唯他家皆未言及，疑不能明。

之罘、東觀刻石，早已亡佚，又無拓本可供參校，茲錄《史記》所載如下。

之罘刻石曰：

維廿九年（註一二六），時在中（仲）春（註一二七），陽和方起（註一二八）。

皇帝東遊，巡登之罘，臨照于海（註一二九）。

從臣嘉觀，原念休烈，追誦（頌）本始（註一三〇）。

大聖作治，建定法度，顯箸（著）綱紀（註一三一）。

外教諸侯（註一〇二），光施文惠，明以義理（註一三二）。

六國回辟，貪戾無厭（饜），虐殺不已（註一三三）。

皇帝哀衆（瘵）（註一三四），遂發討師，奮揚武德（註一三五）。

義誅信行，威燀（憚）旁達（註一三六），莫不賓服（註一三七）。

烹滅彊暴，振救黔首，周定四極（註一三八）。
普施明法，經緯天下，永為儀則（註一三九）。
大矣哉（註一四〇）！宇縣之中，承順聖意（註一四一）。
群臣誦（頌）功，請刻于石，表垂于常式（註一四二）。

東觀刻石曰：

維廿九年（註一四三），皇帝春遊，覽省遠方（註一四四）。
逮于海隅，遂登之罘，昭（照）臨朝陽（註一四五）。
觀望廣麗，從臣咸念，原道至明（註一四六）。
聖法初興，清理疆內，外誅暴彊。（註一四七）。
武威旁暢，振動四極，禽（擒）滅六王（註一四八）。
闡并天下，甾（災）害絕息，永偃戎兵（註一四九）。
皇帝明德，經理宇內，視聽不怠。（註一五〇）。
作立大義，昭設備器，咸有章旗（註一五一）。

職臣遵分，各知所行，事無嫌疑（註一五二）。
黔首改化，遠邇同度，臨古絕尤（註一五三）。
常職既定，後嗣循業，長承聖治（註一五四）。
群臣嘉德，祇誦（頌）聖烈，請刻之罘。（註一五五）。

五、碣石刻石

《史記．秦始皇本紀》：「三十二年，始皇之碣石，使燕人盧生求羨門、高誓。刻碣石門。壞城郭，決通隄防。」碣石位於今山海關秦皇島。秦時屬右北平郡治，爲渤海重要商埠，控扼東北諸郡門戶，且有馳道與內地相連，其地理位置之重要可以想見。

碣石舊蹟，自六朝時已不可考。酈道元《水經注》濕水云：

漢司空掾王橫言曰：「往者天嘗連雨，東北風，海水溢西南，出浸數百里。故張君（晏）云碣石在海中（註一五六），蓋淪於海水也。」昔燕、齊

> 遼曠，分置營州。今城居海濱，海水北侵，城垂淪者半。王橫之言，信而有徵。碣石入海，非無證矣。

據此可知碣石舊蹟，早已淪沒海中。秦始皇之碣石刻石，當亦隨之亡佚不存，後人遂無從查考，少有記述了。

碣石刻石後世流傳有清錢泳本（圖十三）、吳儁本（圖十四）兩種，並屬僞託。錢泳本始皇頌十二行，行十一字。二世詔七行，行十二字。徐鉉銜名一行二十九字。末附錢泳楷書跋，王紹蘭隸書跋。錢泳跋云：「是予弟子孔昭孔從徐騎省（鉉）墨蹟雙鈎」。孫詒讓《籀膏述林》（卷八）〈書徐鼎臣臨秦碣石頌後〉辨其作僞云：

> 納河故壤，早淪東勃（渤），而嬴氏遺刻，乃巍然獨在人世，趙宋時猶得傳其搨本，此事之必無者。況此本載鼎臣（徐鉉）自跋稱「端拱元年奉敕臨」，則此書在宋時當藏御府，而《宣和書譜》載鼎臣篆書七種亦無是頌，然則王（紹蘭）、楊（沂孫）諸家紛紛傳刻，其果可信耶？

容庚〈秦始皇刻石考〉亦云：

錢氏跋謂：「是予弟子孔昭孔從徐騎省墨蹟雙鈎」。余疑即為錢氏偽作，而託名孔氏得之者。錢氏工書善篆，曾摹刻《經訓堂》等帖二十餘種。嘗言於乾隆五十年七月，偶于書肆中購得舊本《管子》一部，中夾雙鈎五、六紙，率皆殘闕不全。細心尋繹，得《尚書》〈洪範篇〉、〈君奭篇〉，《魯詩》〈魏風〉、〈唐風〉，《儀禮》〈大射儀〉、〈聘禮〉，《公羊》隱公四年傳，《論語》〈微子篇〉、〈堯曰篇〉，合五百餘字，不詳何人所摹（《履園叢話》九），曾摹刻于會稽郡學。錢氏又得墨本，云是原石搨本，一裱裝為卷，一裱裝為冊。余得日本博文堂景印卷本，以新出漢石經校之，疑其行款字體皆不合，寄質張國淦年伯。張氏乃著其偽于《歷代石經考》中（「漢石經」頁一百二十一）。是錢氏固工于作偽者。今觀徐鉉銜名一行，與錢跋相比，碻為錢氏手筆。徐氏正書今不可得見，然觀繹山刻石鄭文寶跋，猶勝此書萬萬。吾人雖目盲，豈遽為所眩？錢氏又云：「又嘗得徐鉉所模碣石門墨本刻之焦山方丈，實可補《史記》闕文，而學者有信之有疑之，皆尚古之過也。」（《履園叢話》九）蓋謂本無其事，不足置信，亦不足置疑，其言可長思矣。

孫、容二氏力言錢泳本出於有意作僞，不足憑信，理由可謂充分。茲再將錢本文辭與《史記》所載作一比較。《史記》云：

遂興師旅，誅戮無道，為逆滅息（註一五七）。

武殄暴逆，文復無罪，庶心咸服（註一五八）。

惠論功勞，賞及牛馬，思肥土域（註一五九）。

皇帝奮威，德（得）并諸侯，初一泰宇（註一六〇）。

墮壞城郭，決通川防，夷去險阻（註一六一）。

地勢既定，黎庶無繇，天下咸撫（註一六二）。

男樂其疇，女修其業，事各有序（註一六三）。

惠被諸產，久並來田，莫不安所（註一六四）。

群臣誦（頌）烈，請刻此石，垂著儀矩（註一六五）。

此文一起兀突，疑有脫簡。且前段息、服、域三韻在之部，後段宇、阻、撫、序、所、矩六韻在魚部，亦與他刻石皆六韻爲一段者異。容庚〈秦始皇刻石考〉以爲「遂興師旅」之前應補三韻，其意爲：

卅有二年，親巡碣石，周覽四極。
群臣從者，本原事迹，追念功德。
六國淫亂，殘虐不辜，貪戾恃力。

如此文義始爲完足。錢泳本亦知《史記》之殘闕，增前三韻曰：「皇帝建國，德并諸侯，初平泰壹。卅有二年，巡登碣石，照臨四極。從臣群作，上頌高號，爰念休烈。」然不知古音，故其文顚倒錯亂不得其韻讀。「遂興師旅」上增「戎臣奮威」句，其下少「誅戮無道」句。「賞及牛馬，恩肥土域」二句倒文。又少「皇帝奮威，德并諸侯，初一泰宇」三句，如此僅十一韻，蓋不知原文之爲十二韻。且「爲逆」作「大逆」，「暴逆」作「暴強」，「險阻」作「陰阻」，「

黎庶」作「黔首」，「誦烈」作「誦略」。其字體「世」作「卅」，「服」作「𠬝」，「墮」作「隓」，「無」作「无」，「矩」作「巨」。文末又有二世詔書及李斯、馮去疾奏七十九字，與繹山、泰山、琅邪臺諸刻同，而「金石刻」作「今刻石」。凡此皆與《史記》不合。其僞無疑。

至於吳儁本有石刻及木刻雙鉤二本。冊末篆題：「江陰孔昭孔唯明雙鉤，吳儁子重重摹，常熟楊沂孫泳春審定，劉釗伯涵鋟版。同治六年七月刻竟。」（木刻本移在前頁）。每半頁二行，行二字。字跡戰掣，不若錢刻之光澤。如「被」、「來」、「垂」諸字，筆畫小異。其徐鉉銜名與錢本大小及字形相去甚遠，而與孔跋字形相同。孔跋云：

右徐散騎真跡，一陝客董姓攜來售者。因價昂留觀一宿還之。後有柳文肅（貫）跋，趙文敏（孟頫）、揭文安（奚斯）觀款，危學士（素）跋，文待詔（徵明）隸書跋，俱不及鉤，且不及鈔出以存考據為可惜耳。嘉慶癸酉夏六月孔昭孔識，時寓婁邑青楓溪上。

容庚〈秦始皇刻石考〉亦辨其作僞云：

觀徐鉉銜名與孔跋如出一手，即知其偽。跋云柳、趙、揭、危、文諸人之跋不及鈔出，俱屬誑語。其是否孔氏雙鈎亦無碻證。木刻本多楊沂孫書後及吳儁跋。吳儁跋云：「同治乙丑正月得于華墅舊書肆。……丙寅冬，常熟楊泳春觀察還里，見碣石頌，以為希世之寶，亟序而刻之。」蓋不知錢氏于嘉慶二十年已有刻本也。

容氏考證確鑿可信，吳儁本亦屬贋品無疑。

另有無名氏本（圖十五），十五行，行十四字。文與錢泳本同，而末無徐鉉銜名，筆力纖弱，不知何人所臨。

六、會稽刻石

會稽刻石在諸刻石中，時間爲最晚。《史記．秦始皇本紀》：「三十七年十月癸丑，始皇出遊。……十一月……上會稽，祭大禹，望于南海，而立石刻頌秦德。」會稽山在今紹興縣東南十三里。

會稽刻石的形制，後漢袁康《越絕書》（卷八）云：

取錢塘浙江岑石，石長丈四尺，南北面廣六尺，西面廣尺六寸，刻文，立於越棟山（一作「東山」）上。其道九曲，去縣二十一里。

其石廣狹長短，大抵和琅邪刻石相近。

會稽刻石六朝、唐時猶存，北魏酈道元《水經注》漸江水云：

又有會稽山。……秦始皇登會稽山，刻石紀功，尚存山側，孫暢之《述書》云：「丞相李斯所篆也。」

《南史・范雲列傳》（卷五七）云：

齊建元（西元四七九至四八二年）初，竟陵王子良為會稽太守，雲為府主簿，王未之知。後尅日登秦望山（註一六六），乃命雲。雲以山上有秦始皇刻石，此文三句一韻，人多作兩句讀之，並不得韻；又皆大篆（註一六七），人多不識。乃夜取《史記》讀之令上口。明日登山，子良令賓僚讀之，皆茫然不識。末問雲。雲曰：「下官嘗讀《史記》，見此刻石文。」進乃讀之如流。子良大悅，因以為上賓。

唐張守節《史記正義》云：

其碑見在會稽山上。其文及書皆李斯，其字四寸，畫如小指，圓鐫。今文字整頓，是小篆字。

北宋時歐陽修《集古錄》、趙明誠《金石錄》兩書並未加以採載，鄭樵《通志·金石略》雖嘗載之，而云「疑在越州」，亦無眞見。其後南宋姚寬《西溪叢話》（卷下）記其親往訪求，未有所得云：

予嘗上會稽東山，自秦望山之巔，並黃茅，無樹木。其山側有三石笋，中有水一泓，別無他石，石笋並無字。復自小逕（徑）別至一山，俗名鵝鼻山，又云越王棲於會稽，宮娥避於此，又云娥避山。山頂有石如屋大，中間插一碑於其中，文皆為風雨所剝，隱約就碑，可見缺畫，如禹廟沒字碑之類。不知此石果岑石歟？非始皇之力不能插於石中。此山險絕，罕有至者，得一採藥者則至之耳。非偽碑也（註一六八）。

姚氏所謂鵝鼻山沒字碑，是否即會稽刻石，難以確定。大抵會稽刻石在宋代已經蝕滅，甚或亡佚，因而金石學家遂無從加以摹拓考辨了。

會稽刻石後世流傳拓本，以申屠駉本（圖十六）最爲重要。申屠駉本係元至正元年（一三四一），申屠氏以家藏舊本摹勒，置於會稽黌舍者。與繹山表裡一石。清康熙中，爲石工磨去。今所見有羅振玉《秦金石刻辭》所錄明拓本，以及眞賞社影印明安國藏本，以安國本爲初拓，皆無申屠駉跋。其跋載於都穆《金薤琳琅》及《兩浙金石志》。《兩浙金石志》謂係從仁和趙魏家藏舊本補錄。所謂《家藏舊本》，其先何從而得，申屠駉跋中並未明言。都穆《金薤琳琅》（卷二）云：「予觀其字畫，與嶧山碑絕類，豈亦出徐鼎臣、鄭文寶所摹，而申屠氏嘗藏之歟？」清嚴可均《鐵橋金石跋》（卷一）詳爲考證云：

元申屠子迪以家藏舊本重刻于紹興學宮。審觀字畫，似經臨寫，遇損缺漫漶處皆以意補，故首尾完美如此。自唐末以來號為能篆者，如王文秉、郭忠恕、夢英等，皆祖陽冰，惟徐鉉及元之劉惟一能師秦篆。是刻雄健不及繹山，而整飭過之。或即惟一等所臨寫。《史記正義》云：「此二頌三句為韻，其碑見在會稽山上。其文及書皆李斯，其字四寸，畫如小指，圓鐫。今文字整頓，是小篆字。」而是刻字徑漢尺三寸，畫僅一分。「顯陳舊章」，《正義》作「彰」，云：「碑文作『畫璋』也」。「率眾自強」，《史記》作「自彊」，《正義》云：「碑文作『率眾邦強』」。「畫璋」或然，「邦」字可疑。「內飾詐謀」，《史記索隱》云：「刻石文作『謀詐』」。小司馬但據王劭所引張徽錄，非親見石本者。又《史記》二世元年：「南至會稽而盡刻始皇所立刻石，石旁著大臣從者名」云云，似頌詞後當有「皇帝曰金石刻」已下七十九字，與泰山、瑯琊、之罘、繹山同。而此數事，是刻敢與違異，足明申屠家實藏舊本，非依《史記》偽造。

此外有錢泳本（圖十七），翻刻於清乾隆五十七年（一七九二），據說係李亨特檢視舊藏申屠氏本，囑咐錢泳雙鈎重勒於會稽鬻舍爲石工磨去之原石者。其書法轉折回挽處，純用圓勢，與申屠本微用方折者迴異。容庚〈秦始皇刻石考〉云：

今取此本以與申屠本相較，此本結體較申屠本為圓。錢氏刻石名家，不宜差異若是，且『恒』字申屠本上橫長下橫短作㮓，此本上下橫同長作㮓，必非一本。意李、錢二氏未見申屠原本，故以此當之。……案古碑明人翻本甚多，李氏得此翻本以為申屠本而刻之。或錢氏故弄狡獪，臆改原本以愚後人，均屬可能。……然試取兩本與嶧山刻石相較，當知安國本與嶧山近而此本遠，則其優劣可得而定。

由以上之考證，可知錢泳本的價值，不如申屠氏本遠甚。其餘尚有日本高槻千葉藏雙鈎本（圖十八），係安政四年（咸豐七年，一八五七）刊刻，光緒十年（一八八四）鄭芸青復重摹上石。其字較申屠本爲大，而神形俱失，乃後人臨本。又有清俞樾所臨廿七字本，多由臆造。並不足據。

茲依申屠駉本，爲作釋文如下：

皇帝休烈（註一六九），平壹宇內（註一七〇），德惠攸（脩）長（註一七一）。

卅有七年（註一七二），寴𨊰天下（註一七三），周覽遠方（註一七四）。

遂登會稽，宣省習俗，黔首齊（齋）莊（註一七五）。

群臣誦功，本原事迹（跡）（註一七六），追道高明（註一七七）。

秦聖臨國，始定刑名，顯陳舊章（註一七八）。

初平灋（法）式，審別職任，以立恆常（註一七九）。

六王專倍（背），貪戾慠（傲）猛，率眾自強（註一八〇）。

暴虐恣行，負力而驕，數動甲兵（註一八一）。

陰通閒（間）使，以事合從（縱），行為辟（僻）方（註一八二）。

內飾詐謀，外來侵邊，遂起禍殃（註一八三）。

義威誅之，殄熄暴悖，亂賊滅亡。（註一八四）。

聖德廣密，六合之中，被澤無彊（疆）。（註一八五）。

六、會稽刻石

皇帝并宇，兼聽萬事，遠近畢清（註一八六）。
運理群物，考驗事實，各載其名（註一八七）。
貴賤並通，善否陳前，靡有隱情。（註一八八）。
飾省（眚）宣義，有子而嫁，倍（背）死不貞（註一八九）。
防隔內外，禁止淫泆，男女絜（潔）誠（註一九〇）。
夫為寄豭，殺之無辠（罪），男秉義程（註一九一）。
妻為逃嫁，子不得母，咸化廉清（註一九二）。
大治濯俗（註一九三），天下承風，蒙被休經（註一九四）。
皆遵軌度，和安敦勉，莫不順令（註一九五）。
黔首脩絜（潔），人樂同則，嘉保泰（太）平（註一九六）。
後敬奉灋（法），常治無極，輿舟不傾（註一九七）。
從臣誦（頌）烈，請刻此石，光陲（垂）休銘（註一九八）。

【附註】

註一　秦二世皇帝語，見《史記・秦始皇本紀》。

註二　石鼓年代，自唐發現迄今，異說紛紜。一般以周、秦兩代說最盛行。周代說分周成王、周宣王時兩種。秦代說分秦襄公、秦襄公至獻公、秦文公、秦穆公、秦惠文王至始皇、秦靈公、秦昭王時七種。近年唐蘭就銘刻發展、文學史發展、新語彙應用、字形發展、書法發展、發現地點、十篇次序內容、地望八方面分析，斷定爲戰國中葉秦獻公十一年之作。〈詛楚文〉一般以爲秦惠文王之作，但惠文即位時不稱王，文中不得稱「嗣王」，從穆公到惠文十七世，和文中「十八世」也不合，唐蘭因定爲惠文王之子武王元年作。說詳唐蘭〈石鼓年代考〉，《故宮博物院院刊》，一九五八年第一期。

註三　見唐韋續《墨藪》，頁四二，商務印書館，《叢書集成初編》，民國二五年十二月。

註四　見唐張彥遠《法書要錄》卷三，頁十三，清嘉慶張海鵬輯刊《學津討原》本。

註五　繹、嶧古通，《詩經・魯頌・閟宮》：「保有鳧繹」，馬瑞辰《毛詩傳箋通釋》：「繹，通作『嶧』。」

註六　箸，同筯。玉筯，書體名，即李斯所作的小篆。唐齊己《白蓮集》九〈謝西川曇域大師玉筯篆書詩〉：「玉筯眞文久不興，李斯傳到李陽冰。」唐蘭〈石鼓年代考〉：「玉器上的線條，由於是砣出來的，圓渾光潤，不見鋒芒，正和純用線條構成的篆書相等，所以唐代的和尚詩人齊己就把李斯到李陽冰的小篆稱爲『玉筯篆』。」

註七　應天府學本爲元李處巽所刻，明曹養初爲之重勒，今在江寧縣學尊經閣下（詳見清嚴觀《江寧金石記》卷一）。青社本係金人李仲坦據李建中所寫徐鉉摹本刻於山東青社者，久佚（見清王昶《金石萃編》卷四引于欽《齊乘》）。浦江鄭氏本、蜀中本亦佚，並刊刻年月皆無可考。

註八　皇帝，指秦始皇，參見註一六。

註九　維，句首語助詞。

註一〇　嗣，音ㄙˋ，接續、繼承。秦始皇爲秦莊襄王子，莊襄王卒於三年五月（西元前二四七），始皇因嗣立爲秦王，詳見《史記》〈秦本紀〉、〈秦始皇本紀〉。以上三句意謂：秦始皇建立了中國歷史上第一個統一的中央集權國家，而在以前，他只能承襲一個諸侯國的王位。

註一一　亂逆，指阻擋秦統一的封建割據的諸侯王。

註一二　威，威嚴、威力。四極，四方極遠之國，猶言天下。《楚辭．離騷》：「覽相觀於四極兮。」

註一三　武義，用武的意義。直方，正直、正義的意思。《周易》坤卦爻辭：「六二，直方大，不習無不利。」〈文言〉：「直其正也，方其義也。」以上三句意謂：秦始皇征伐封建割據的各國諸侯，威振天下，因爲這是一場正義的統一戰爭。

註一四　戎臣，帶兵的將領。詔，帝王的文書命令，此專名秦始皇所定，參看註一六。

註一五　六暴強，謂齊、楚、燕、趙、韓、魏六國。以上三句意謂：將領們遵奉秦始皇的命令，用了不長的時間，就消滅了六國諸侯。

註一六　薦，獻、進。高號，崇高的稱號，即皇帝。秦王政廿六年，初并天下，令議帝號，丞相綰等上議：「昔者五帝地方千里，其外侯服夷服諸侯或朝或否，天子不能制。今陛下興義兵，誅殘賊，平定天下，海內爲郡縣，法令由一統，自上古以來未嘗有，五帝所不及。臣等謹與博士議曰：古有天皇，有地皇，有泰皇，泰皇最貴。臣等昧死上尊號，王爲『泰皇』。命爲『制』，令爲『詔』，天子自稱曰『朕』。」王曰：「去『泰』，著『皇』，採上古『帝』位號，號曰『皇帝』。他如議。」又追尊其父莊襄王爲「太上皇」。事見《史記．秦始皇本紀》。案「帝」字西周及春秋時期文獻，均指「上帝」而言，《尚書．呂刑》有「皇帝」之稱，意即「偉大的上帝」。及戰國秦昭王擬自稱「西帝」，要求齊湣王同時稱「東帝」，始有人主稱帝之事。其後秦始皇明定「皇帝」爲人主尊號，從此遂沿用兩千多年。說詳屈萬里〈文字形義的演變與古籍考訂的關係〉（見《屈萬里先生文存》，聯經出版事業公司）。

註一七　孝道，是指秦始皇堅持變革、堅持統一，以法爲教、厚今薄古，繼承與發展了秦國自孝公任用商鞅變法以來所推行的法治政策。以上三句意謂：秦始皇在二十六年，從秦王進而成爲皇帝，顯明地表示出自己是繼承了先祖的遺願，完成了統一天下的大業。

註一八　泰，同「太」，大。泰成，即大成，謂大功告成，《易經．井卦》：「元吉在上，大成也。」此指統一中國的事業。獻泰成，獻祭太廟（天子的祖廟），告以掃滅六國，統一宇內之大業，終於完成。〈琅邪刻石〉亦云：「尊號大成」，可參看。

註一九　専，讀爲「溥」，大、廣。《禮記．祭義》：「溥之而橫乎四海。」陸德明《釋文》：「溥，本或作『専』，同。」溥惠，指秦始皇統一六國後，在全國各地普遍實施一系列有利於鞏固和發展中央集權君主專制政體的政治、經濟改革措施。

註二〇　以上三句意謂：獻祭太廟，告以偉大的統一事業已經完成，於是秦始皇開始巡視全國各地，普降恩惠。

註二一　繹，通「嶧」，音一ˋ。

註二二　從，讀去聲，隨。隨行之人曰「從者」。

註二三　咸，都、普遍。攸，同「脩」，久遠。原成「汥」，許慎《說文解字》（三篇下）：「汥，秦刻石繹山，石文『攸』字如此。」今作「攸」者，後代傳刻所改。段玉裁《注》：「經文『脩』字皆『攸』之假借。」以上三句意謂：登上了嶧山，跟隨的群臣，都想起了統一事業的艱難歷程。

註二四　追念，追溯、回憶。亂世，指秦始皇統一中國前動亂不安定的年代。

註二五　爭理，爭端。以上三句意謂：回憶動亂不安的年代，由於國家分裂，諸侯割據，因此開始走上了戰爭的道路。案從唐、虞、夏、商以來逐漸演進，至周代而臻於完密的封建制度，諸侯世襲相守，私有其地，私有其民，秦朝認爲這是古來征戰不休的主要亂源。廷尉李斯嘗說：「周文武所封子弟同姓甚衆，然後屬疏遠，相攻擊如仇讎，諸侯更相誅伐，周天子弗能禁止。」秦始皇也說：「天下共苦戰鬥不休，以有侯王。」因此他們反對廿六年丞相王綰所主張恢復封建，分封皇帝諸子爲王以輔翼中央的建議，毅然廢除封建，改採郡縣制度，以期中央集權，從此天下安寧而無異意。事詳《史記・秦始皇本紀》。

註二六　功，通「攻」。顧炎武《金石文字記》（卷一）：「嶧山石刻……其文有云『功戰日作』，當是『攻』字。古人以『攻』、『功』二字通用，齊侯〈鎛鐘銘〉：『肇敏于戎功』，作『攻』。」

註二七　泰古，上古，遠古。同「太古」。以上三句意謂：攻擊與爭奪連年不斷，人民流血遍野，這種情形從上古就開始了。

註二八　陀，讀爲「施」，音一ˋ，垂、延。楊用修《金石古文》作「施及五帝」。《左傳》隱公元年：「施及莊公」，《禮記・中庸》：「施及蠻貊」，「施及」二字經傳常見。

註二九　以上三句意謂：不知經歷了多少年代，就連五帝這樣賢明的帝王，也不能制止戰爭。

註三〇　迺，同「乃」。以上三句意謂：一直到當今，秦始皇統一了天下，分裂戰爭才結束。

註三一　黔首，猶言黎首、蒼生。此詞先秦古籍如《禮記・祭義》、《戰國策・魏策》、《韓非子・忠孝》等，早已有之，《呂氏春秋》即出現十餘次。《史記・秦始皇本紀》云始皇二十六年，「更名民曰『黔首』」，蓋指從此通稱民為「黔首」而言，並非謂此稱創自始皇。此後秦之詔書刻石銅鐵權銘，即屢屢提到「黔首」，使用較前為廣。說詳張春樹《漢代邊疆史論集》（頁一二）。

註三二　利澤，利益、恩惠。以上三句意謂：消除了連年戰爭的禍害，使得百姓安居樂業，統一所帶來的利益是長久的。

註三三　誦，議論、陳述。略，簡要、大略。此處是說秦始皇功德隆盛，群臣莫能明言，但誦其大略而已。

註三四　樂，音ㄩㄝˋ。樂石，可以製作樂器的精而堅的石頭，如「泗濱浮磬」之類。顏師古《匡謬正俗》（卷八）：「〈禹貢〉稱徐州『嶧陽孤桐，泗濱浮磬』，言泗水之濱有石可以為磬。蓋秦之所刻即是磬石，近泗濱，故謂之『樂石』爾。

所以獨繹山之文以稱之，他刻石文則無此語也。」趙翼《陔餘叢考》「樂石」條（卷三十二）：「世俗誌銘之文，每云『刻之樂石』，蓋本嶧山碑文有『刻之樂石』之語而襲用之，不知引用誤也。……文士通用於碑碣，誤矣。」

註三五　著，顯明。經紀，綱常、法度。以上三句意謂：對於秦始皇統一中國的功績，群臣只能陳述一個大略，把它刻在精美的石頭上，以表明秦始皇反對「分土建邦」，從而創立統一事業的綱紀。

註三六　「皇帝曰」以下七十九字爲秦二世詔，明趙崡《石墨鐫華》、都穆《金薤琳琅》並謂據泰山刻石例，二世詔應在始皇刻石之旁，鄭文寶不見秦刻原石，因而誤與始皇刻辭接連書寫。清陳奕禧《金石遺文錄》則謂二世詔字微小，較然分別，並非牽聯誤書。今提行以示區別。

註三七　襲號，謂秦二世因襲而稱「皇帝」之號。

註三八　稱，聲言。此謂諸金石刻辭但稱「皇帝」（〈泰山刻石〉：「皇帝臨位」，〈琅邪刻石〉：「皇帝作始」，〈之罘刻石〉：「皇帝東游」，〈東觀刻石〉：

「皇帝春游」，〈碣石刻石〉：「皇帝奮威」，〈會稽刻石〉：「皇帝休烈」，並與〈繹山刻石〉：「皇帝立國」同例），不稱「始皇帝」，則與後嗣所刻無別，非所以推崇始皇帝功德之法。下文「不稱成功盛德」，稱音ㄔㄣˋ，符合之意。

註三九　斯，李斯，爲左丞相。

註四〇　去疾，馮去疾，爲右丞相。

註四一　大夫，長安本作「夫＝」，〈降帖〉、安國本〈泰山刻石〉，以及〈琅邪刻石〉眞蹟皆同。宋趙明誠《金石錄》：「或謂古『大』與『夫』同爲一字，恐不然。余家所藏古器款識有周大夫始鼎及秦權銘，『黔首大安』皆用『大』字。蓋古人簡質，凡字點畫相近及音同者多假借用之，別無它義，東漢時碑刻尚多如此。」清鄭學戣《獨笑齋金石文考》（第一集卷五）：「石刻『大夫』字作『夫＝』，於『夫』字右旁之下，注小『＝』字。案《積古齋鐘鼎款識》有楚良臣余義鐘云：『孫＝用之』，金文多云『子子孫孫』，無單作『孫孫』者，此當云『子孫用之」，『孫」下作『=』謂『孫』左之『子』，當作重文也。又朱右甫《鐘鼎款識》稿本載周龍節云：『王命=道』，『命』下作『=』，謂『命』字之『卩』，當作重文，『卩』即『節』字，蓋其文云『王命節道』也。《說文》：『夫，從一，下『大』。』此於『夫』字之右下注小『=』字，明示『夫』字之『大』字，須作重文，合之即爲『大夫』二字矣。與余義鐘、周龍節篆法正是一例。此古人作字簡便處。乃後人不達斯恉，有引《檀弓》『夫夫是也』之文以爲說者（董廣川），有謂『夫』可讀爲『大』者（宋景文），異說紛紜，悉無是處，故爲辨之。」

註四二　昧死，冒死，不避死罪。秦君尊臣卑，群臣上書習用「昧死」，《史記・秦始皇本紀》：「臣等昧死上尊號。」此詞漢代襲之，蔡邕《獨斷》（卷上）：「漢承秦法，群臣上書皆言『昧死』。」

註四三　制，帝王的命令。蔡邕《獨斷》（卷上）：「群臣有所奏請，尚書令奏之，下有司曰『制』，天子答之曰『可』。」參看註一六。

註四四　容庚〈秦始皇刻石考〉：「趙彥衛《雲麓漫鈔》（卷三）於記述劉跂訪得泰山秦篆及石刻與《史記》異同後，復云：『北海王壽（茂松）刻於石。』不知王壽所刻者即《秦篆譜》乎？抑《秦篆譜》之外復重刻乎？若爲重刻，則《秦篆譜》有二本矣。」

註四五　立，讀爲「位」，《周禮・春官・小宗伯》：「掌建國之神位」，鄭玄注：「故書『位』作『立』，鄭司農云：『立』，讀爲『位』，古者『立』、『位』同字。」《史記》作「位」。臨位，即位、就位。

註四六　作制明法，指秦始皇初併天下後，議定帝號、設置郡縣、推行共同文字、統一度量衡、修治馳道、遷徙富豪，並尊崇水德，嚴明法律，以十月（亥月，亥屬水）朔爲歲首，衣服旌旗皆尙黑，紀數用六（陰數）等等，創建漢族統一國家法制基礎之措施。詳見《史記・秦始本紀》。

註四七　修，整治。飭，整頓、謹愼。以上三句意謂：秦始皇就位後，定下了制度，申明了法令，使官吏們都能嚴整守法。

註四八　廿，音ㄋ一ㄢˋ，《史記》作「二十」，案本篇四字爲句，此不當多一字，當係後人傳抄誤衍。

註四九　罔不，莫不。賓服，諸侯或邊遠部落按期朝貢，表示臣服。《禮記．樂記》：「諸侯賓服。」以上三句意謂：始皇二十六年，統一六國，天下無不稱臣降服。

註五〇　親巡遠黎，《史記》作「親巡遠方黎民」，當係後人傳抄誤衍。黎，黎民、百姓，與「黔首」意同。

註五一　極，邊、邊界。以上三句意謂：秦始皇親自巡視遠方的百姓，登上泰山，遍覽東方邊境。

註五二　思，追溯。逨，同「迹」，段玉裁《說文解字注》：「迹，本作『逨』，朿聲。……小篆改爲『亦』聲。」此指秦始皇併兼天下的勳業。

註五三　本原，追本溯源、回憶事情的起源。祗，恭敬。以上三句意謂：隨從的臣子追溯統一事業的經過，恭敬地頌揚秦始皇的豐功偉績。

註五四　道，術、法術。治道，治國的方法。

註五五　者，讀爲「諸」，秦武王〈詛楚文〉：「率者（諸）侯之兵」，即其例。諸產，各項產業。

註五六　以上三句意謂：由於秦始皇的治國方略得到貫徹執行，所以各種生產安排合適，都有一定的法則。

註五七　大義，政治主張，指法家政策。著明，美善顯著。《史記》作「休明」，當係後人傳寫所改。

註五八　陲，《史記》作「垂」；嗣，《史記》作「世」；皆通假字，後人所改。陲，流傳。後嗣，後代子孫。

註五九　革，改變、革除。以上三句意謂：鮮明正確的法家政治主張，要傳給子孫，繼承不變。

註六〇　躬聽，親自聽取政事。《史記》作「躬聖」。

註六一　不懈，不放鬆。以上三句意謂：皇帝親自聽取政事，雖然已經平定了天下，仍不放鬆對國家的治理。案《史記・秦始皇本紀》載侯生、盧生評論始皇之言曰：

「天下之事無小大皆決於上，上至以衡石量書，日夜有呈（程），不中呈（程）不得休息。貪於權勢至如此。」《漢書·刑法志》亦謂秦始皇「躬操文墨，晝斷獄，夜理書，自程決事，日縣石之一。」（顏師古注引服虔曰：「縣，稱也。石，百二十斤也。始皇省讀文書，日以百二十斤為程。」）於此足見秦始皇治事之精勤不懈，與此刻石文「不懈於治」句，正可互參。

註六二　夙興夜寐，早起晚睡。長利，長遠利益。專隆，非常重視。以上三句意謂：秦始皇早起晚睡，日夜操勞，從長遠利益考慮國家建設，特別重視對臣民的教導。

註六三　訓，祖訓。經，指先秦法家的經典著作。宣達，廣泛宣揚。畢理，完全領會。咸，都。以上三句意謂：秦始皇廣泛宣揚法治思想，使全國臣民完全領會，大家都能按照他的政策法令辦事。

註六四　貴賤，指社會地位的等級。男女，百姓。體，讀為「禮」，《史記》作「禮」。以上三句意謂：尊貴、卑賤等級分明，百姓感到順當，謹慎地做好本份工作。

註六五　昭隔，明白劃分。裴駰《史記集解》引徐廣曰：「隔，一作『融』。」融，和洽之意。案「融」字疑誤。馮雲鵬《金石索》：「內外應有隔別，方合下文『清淨』。廣川《書跋》以爲『融』，謬甚。」

註六六　靡，無、沒有。施，音一，延續。昆嗣，猶言後嗣，指子孫後代，《史記》作「後嗣」。以上三句意謂：內外職事有別，毫不混雜，這種情況要延續到子孫後代。

註六七　化、教化。遺詔，皇帝留下的命令。重，嚴、深。戒，命令、告誡。以上三句意謂：秦始皇的教化影響深遠，後人要遵循執行（他）留下的命令，永遠承奉這重要的告戒。

註六八　「皇帝曰」以下二世詔，《史記》未錄。

註六九　無字碑在泰山嶽頂，世傳秦始皇立。顧炎武《日知錄》（卷三一）以爲是漢武帝所立。

註七〇　例如翁方綱嘗云泰山秦篆二十九字及十字殘字，「蓋二千年以前之篆蹟，自周石鼓外，唯此與瑯琊臺是眞刻之僅存者。」（顧燮光《夢碧簃石言》卷三引）

註七一　林鈞《泰山秦刻考》亦綜合各家之說，辨泰山廿九字、十字刻石非眞秦刻。

註七二　清劉聲木《續補寰宇訪碑錄》（卷一）記後人重摹泰山刻石多種，可參看。

註七三　維，助詞，用在句首以加強語氣。廿六，《史記》各本作「二十六」，案本篇四字爲句，首句不當多一字，且以上繹山、泰山刻石均作「廿六」，「二十」乃「廿」之誤甚明。又以上三刻石皆廿八年所立，而辭稱廿六年者，係追述兼併天下之始而言之。瀧川資言《史記會注考證》依吳春照校本改作「二十八」，顯係誤改。

註七四　作始，謂初併天下事。兩句意謂：秦始皇二十六年統一了中國，開始稱皇帝。

註七五　端平，整頓、劃一。端，本應作「正」，避秦始皇諱而改。（秦始皇名「正」。或作「政」者，係後人誤改，說詳梁玉繩《史記志疑》卷四十三。）下文「端直敦忠」同。《史記．秦楚之際月表》秦二世二年「端月」，裴駰《集解》：「二世二年正月也。秦諱『正』，故云『端月』。」又睡虎地秦簡〈語書〉：「矯端民心」、「有能自端毆（也）」、「毋公端之心」，並同例。

註七六　紀，綱紀、準則。兩句意謂：制訂了統一的法律制度，作爲辦事的準則。

註七七　人事，人與人之間的關係。合同，協同。兩句意謂：由於統一法度，明確了人與人之間的關係，使一家老少能夠同心協力。

註七八　顯白，明白。兩句意謂：秦始皇通曉仁義，大大發揚了法家思想。

註七九　東撫東土，指廿八年始皇東巡郡縣事。撫，巡視、慰問。省，檢閱。卒士，即「士卒」，倒言以協韻。兩句意謂：秦始皇巡視東部地區，檢閱了軍隊。

註八〇　兩句意謂：巡視完畢，來到了海邊。

註八一　本事，指農業生產。古以農爲本，故稱農業生產爲「本事」。兩句意謂：秦始皇的偉大貢獻，在於堅持法家的農戰政策，辛勤操勞、獎勵提倡農業生產。

註八二　上，通「尙」，崇尙、重視。末，古代稱工商業爲末。《史記・商君列傳》：「僇力本業，耕織致粟帛多者復其身。事末利及怠而貧者，舉以爲收孥。」秦自商鞅變法以來，採取以農爲本的政策，以商爲「背本趨末」。秦始皇時代，除了少數已成巨富而有影響力的工商業者尙受禮遇外，其餘一般商人則被視爲與贅壻之類的人一樣，政府得隨時徵發。據《史記》、《漢書》所載，政府對商人之管理，包括賈人有市籍，不得爲吏，不得名田，並重其租稅，乃至車馬服飾，亦受限制。這些措施，都是輕商的表示。

註八三　黔首，見註三一。以上兩句意謂：由於崇尚農業，壓抑商業發展，百姓的政治地位和經濟地位才能得到提高。

註八四　摶，同「專」，司馬貞《史記索隱》：「摶，古『專』字，《左傳》云：『如琴瑟之摶壹。』」摶、專二字古通用，說詳盧文弨《鍾山札記》（卷一）。一說當作「嫥」，錢大昕《廿二史考異》：「摶，當作『嫥』，說文：『嫥，壹也。』」王叔岷《史記斠證》（卷六）：「『摶』非誤字，『專』亦非本字，『摶』、『專』並『嫥』之借字耳。」揖，讀爲「戢」，音ㄐㄧˊ，斂。兩句意謂：舉國上下，專心斂志，遵守朝廷所頒行的法家政策規定。

註八五　器械，用具之總稱。張守節《史記正義》：「內成曰器，甲冑兜鍪之屬。外成曰械，戈矛弓戟之屬。」張氏以爲專指軍器，非。一量，同度量。此指度量衡制度的統一。《史記・秦始皇本紀》云始皇二十六年，「一法，度衡石丈尺，車同軌，書同文字。」

註八六　同書文字，推行全國統一的文字。戰國時期，諸侯各國分裂割據，言語異聲，文字異形。許愼《說文解字・序》：「秦始皇帝初兼天下，丞相李斯乃奏同之，罷其不與秦文合者。斯作《倉頡篇》，中車府令趙高作《爰歷篇》，太史令胡毋敬作《博學篇》，皆取史籀大篆，或頗省改，所謂小篆者也。」秦始皇把殷周以來的古文，所謂「大篆」，整理爲「小篆」，廢除了大量區域性的異體字，使文字進一步整齊簡易化，這是文化史的一項大功績。以上兩句意謂：秦始皇統一了度量衡，統一了文字。

註八七　輿，車。終其命，得遂其生命。以上四句意謂：凡是太陽和月亮所能照到的地方，船和車所能到達的地方，那裡的百姓安居樂業，非常滿意。

註八八　應時，順應歷史潮流。維，通「惟」。兩句意謂：只有秦始皇能根據情況的變化來辦事。

註八九　匡飭，糾正和整頓。異俗，指戰國時代各國不同的民情風俗，詳見《史記·貨殖列傳》、《漢書·地理志》。案秦自商鞅變法以來，即崇尚法制，擯棄異俗，如云：「令民父子兄弟同室內息者爲禁」，以嚴男女之別，即是。（詳見《史記·商君列傳》）民國六十四年出土秦始皇二十年南郡守騰發佈給所屬各縣道嗇夫的〈語書〉，亦倡言用法律令以教誨人民，以便「去其淫避（僻），除其惡俗」。秦始皇對於坊民正俗尤再三致意，琅邪、碣石、會稽刻石屢言之，詳參註一九三。

註九〇　陵，通「淩」，經過、超越；經，劃界，《周禮·天官·冢宰》：「體國經野。」陵水，通水道。戰國時期各國築隄防，阻塞水道。秦始皇決通隄防，疏濬鴻溝（河南汴河，今湮）作爲水路中心，通濟、汝、淮、泗等水。在吳、楚、齊、蜀等地，也大興水利工程，行船和灌溉。尤其令史祿鑿通湘、桂兩江上源爲「靈渠」，以開發嶺南，貢獻更巨。經地，劃分地界。戰國時期各國利用險要地形築城郭，齊、韓、楚、魏交界處又有長城巨塹，分裂疆土，阻礙交通。秦統一後，國內長城巨塹以及城郭要塞，一併平毁，減少了割據稱雄的憑藉。《史記·秦始皇本紀》：「地東至海暨朝鮮，西至臨洮、羌中，南至北嚮戶，北據河爲塞，並陰山至遼東。」劃定共同的地域，確定了以後兩千年中國疆域之基礎。以上兩句意謂：秦始皇在全國範圍內普遍整頓風俗，溝通水道，劃分地界，從事社會心理及國防、經濟各種基本建設。

註九一　憂，操心。恤，照顧。兩句意謂：秦始皇爲百姓治理國事，日夜不鬆懈。

註九二　辟，通「避」。兩句意謂；確定法令，消除疑點，使大家都能遵守而不觸犯。

註九三　方伯，殷周時一方諸侯之長，《禮記·王制》：「千里之外設方伯。」此處泛指地方（郡縣）行政長官。職，職責。

註九四　諸治，庶政。經，常。易，平易。

註九五　舉錯，同「舉措」。晝，整齊劃一。張守節《史記正義》：「謂政理齊整，分明若晝，無邪惡。」方苞：「晝當音『劃』，與『較晝若一』之義同。」（瀧川資言《史記會注考證》引）四句意謂：郡府和縣廷的長官各守其職，處理政事的方法簡單易行，採取的措施也很恰當，一切都符合國家法典的統一要求。

註 九六 臨察，巡視。兩句意謂：皇帝以他的賢明，親臨下土，巡視四方。

註 九七 踰，通「逾」，超越。次行，順序、等級。行，音ㄏㄤˊ。兩句意謂：使得尊貴和卑賤的人都固守本位，不會超越等級。

註 九八 奸邪，犯法，不務正道。務，力求。貞，忠貞、正直。兩句意謂：違法亂紀的現象不允許存在，百姓都力求做到忠貞和善良。

註 九九 細大，大小事情，怠，偷懶。荒，荒廢。兩句意謂：大小事情都盡力做好，不敢偷懶荒廢。

註一〇〇 邇，近。遠邇，指全國。辟，同「僻」，偏僻。兩句意謂：無論遠近乃至偏僻地方的人們，都致力於整肅莊重。

註一〇一 端，正直，見註七五。敦忠，忠厚。常，法則，指法制規範。兩句意謂：大家都做到正直忠厚，所做的事業要符合法律常規。

註一〇二 四極，東西南北四方極遠之處，代指天下、全國。兩句意謂：皇帝的恩德，安存天下。

註一〇三　兩句意謂：鎮壓叛亂，消除災害，給百姓帶來幸福。

註一〇四　節事，減輕徭役。以時，按照時令。諸，據泰山刻石文，原應作「者」，二字古通。兩句意謂：減輕徭役不誤農時，各種產物都旺盛繁殖。

註一〇五　兵革，這裡指戰爭。兩句意謂：天下百姓生活安定，不再發生戰爭。革，張守節《史記正義》：「協韻音棘（ㄐ一ˊ）。」杭世駿《史記考證》：「革與棘古通，不必協也。《詩》：『匪棘其欲』，《禮記》作『匪革』。」

註一〇六　六親，指諸父、諸舅、兄弟、姑姊、昏（婚）媾、姻亞（婭）等親屬（據《漢書．賈誼傳》王先謙《補注》引王先恭說）。相保：互相擔保、不作奸犯科。案秦在刑罰上實施連坐法，賦予親屬以連帶的刑事責任，詳見栗勁《秦律通論》頁二〇八。兩句意謂：百姓安居樂業，親屬互相擔保刑事責任，永遠不再有盜賊出現。

註一〇七　驩，通「歡」。奉，奉行。兩句意謂：百姓樂於接受教化，都能通曉法律制度。

註一〇八　六合，東南西北上下，指全天下。兩句意謂：全中國被秦始皇統一了。

註一〇九　《史記．秦始皇本紀》云廿六年兼併天下，「地東至海暨朝鮮，西至臨洮、羌中，南至北嚮戶，北據河爲塞，並陰山至遼東。」所述秦帝國版圖四極，正可與此互參。流沙，西北沙漠之泛稱，因其沙流如水，故云。臨洮、羌中，在今河西走廊一帶，地屬戈壁區域，故云「西涉流沙」。北戶，裴駰《史記集解》：「〈吳都賦〉曰：『開北戶以向日。』劉逵曰：『日南之北戶，猶日北之南戶也。』」案即象郡之地，在今越南北中部，漢武帝更名象郡爲日南郡。其地在北回歸線以南，陽光從屋之北窗照入，故有「北戶」或「北嚮戶」之名。大夏，張守節《史記正義》：「杜預云：『大夏，太原晉陽縣。』按在今并州，『遷實沈於大夏，主參』，即此也。」即今山西省及陝西之舊延安、榆林等府地。以上四句意謂：西面到西北的沙漠一帶，南面以象郡的南部爲極限，東面臨海，北方越過了大夏地區。

註一一〇　臣者，臣服於皇帝。兩句意謂：人跡所能到的地方，沒有不俯首稱臣的。

註一一一　蓋，超過。兩句意謂：皇帝的功勳超過五帝，連牛馬都分享到皇帝的恩惠。

註一一二　宇，本義爲屋檐，此處泛指居住的地方。兩句意謂：皇帝的恩德無所不及，百姓都能安居樂業。

註一一三　倫侯，司馬貞《史記索隱》：「爵卑於列侯，無封邑者。倫，類也，亦列侯之類。」蓋關內侯之屬。《宛委餘篇》：「秦雖廢封建，而功臣亦有一二封侯者，見於嶧山、之罘諸碑，可考凡列侯、倫侯二等，如王離、王賁之類，列於右丞相去疾上。」（凌稚隆《史記評林》卷六引）。

註一一四　案王離封武成侯，王賁封通武侯，趙亥封建成侯，成封昌武侯，馮毋擇封武信侯，皆以「武」「成」二字爲封號，應是尊稱，並非封邑。其制秦漢之際仍沿用不廢。說詳陳直《史記新證》（頁一一三）。

註一一五　隗林，當作「隗狀」。隗音ㄨㄟˇ，姓。狀，名。顏之推《顏氏家訓・書證》：「開皇（隋文帝）二年五月，長安民掘得秦時鐵稱權，旁有銅塗鐫銘二所。

……其『丞相狀』字，乃爲狀貌之『狀』，爿旁作犬；則知俗作『隗林』，非也，當爲『隗狀』耳。」案晚近出土秦代權量，亦並作「隗狀」。

註一一六　卿，上卿。

註一一七　五大夫，秦代官爵的一種。《漢書・百官公卿表》：「爵九，五大夫。」顏師古注：「大夫之尊也。」此官爵周秦迄漢魏俱有之。樛，音ㄐ一ㄡ。

註一一八　與，音ㄩˋ，參與。海上，東海之濱，指琅邪。

註一一九　千里，指王畿之內。

註一二〇　假威鬼神，張守節《史記正義》：「言五帝、三王假借鬼神之威，以欺服遠方之民，若萇弘之比也。」萇弘，周大夫，事詳《拾遺記》。

註一二一　稱音ㄔㄣˋ。不稱，不相符應。

註一二二　表，正。經，法。

註一二三　案《史記・秦始皇本紀》云秦二世「盡刻始皇所立刻石，石旁著大臣從者名，以章先帝成功盛德。」所謂「石旁著大臣從者名」，指秦二世刻勒從臣李斯、馮去疾等人名而言。容庚以爲始皇從臣，蓋誤。

註一二四　馬非百《秦集史》（頁七六七）：「東觀刻石未明言『請刻之罘』，顯見東觀刻石，亦在之罘。『東觀』云者，可能是之罘頂上臺觀之名。登此臺觀望日從東出，故名之曰『東觀』。刻石中有『昭臨朝陽，觀望廣麗』，正爲此臺寫照。」

註一二五　《汝帖》所刻秦二世詔，見清馮雲鵬《金石索》。歐陽輔《集古求眞》（卷十一）：「《汝帖》第三卷，有之罘刻石十四字，殆不可信，蓋割集他刻之字，冒此名以炫奇，帖中蔡邕、崔浩、樊遜書，皆僞託也。」

註一二六　廿九，《史記》作「二十九」，案此頌辭四字爲句，首句不當多一字，茲依繹山、泰山刻石例改。

註一二七　中春，即仲春，指秦季中的第二個月。張守節《史記正義》：「古者帝王巡狩，常以中（仲）月。」

註一二八　陽和，春天的暖氣。以上三句意謂：秦始皇二十九年的春季第二個月，天氣開始暖和的時候。

註一二九　三句意謂：皇帝巡遊東方，登上了之罘山，面對著大海。

註一三〇　休，美善。烈，功業。休烈，豐功偉績。三句意謂：隨從的大臣觀賞了壯麗的景色，聯想起秦始皇的豐功偉績，回憶起統一事業的經歷。

註一三一　大聖，指秦始皇。法度，法律制度。綱紀，指法治政策。三句意謂：秦始皇開始治理國家，就制定了法律制度，明確了法治綱紀。

註一三二　諸侯，謂六國。文，善。惠，恩澤。三句意謂：對外教誨諸侯，遍施教化和恩澤，用大義公理開導他們。

註一三三　回辟，邪辟。回，不直。辟，曲邪不正，不受教化。厭，同「饜」，滿足。不已，不斷。以上三句意謂：但是六國君主邪侈不由正道，不受教化，貪婪殘暴，不斷進行戰爭，殘害殺戮百姓。

註一三四　哀衆，盧文弨云：「當『哀鰥』之譌。『鰥』與『矜』古通用。《漢書》贊于定國：『哀鰥哲獄』，亦即『哀矜』也。」（梁玉繩《史記志疑》卷五引）

王叔岷《史記斠證》（卷六）：「案『衆』疑『瘝』之誤，『瘝』與『矜』古亦通用，《書・康誥》：『恫瘝乃身。』《後漢書・和帝紀》注引『瘝』作『矜』，即其證。『哀瘝』亦猶『哀矜』也。」

註一三五　以上三句意謂：皇帝哀憐天下百姓的痛苦，因此發動討伐的大軍，發揚了正義戰爭的威力。

註一三六　燀，假借爲「憚」，憤怒。王叔岷《史記斠證》（卷六）：「案『燀』借爲『憚』，《方言》（六）：『憚，怒也。』《說文》：『旁，溥也。』《廣雅・釋詁》（二）：『旁，廣也。』溥亦廣也。『威燀旁達』，猶言『威怒廣達』耳。」

註一三七　信，誠、實。信行，確實、堅定地進行。以上三句意謂：正義戰勝了強暴，威振四方，沒有不降服的。

註一三八　烹，滅，消滅。振救，拯救，賑濟。黔首，庶民、平民，見註三一。四極，四方極遠的地方，即天下。三句意謂：消滅了強暴的勢力，拯救了老百姓，安定了天下。

註一三九　經緯，道路南北爲經，東西爲緯。經緯天下，是管理和統治天下的意思。儀則，法則、準則。三句意謂：全面地推行法治，使之永遠成爲治理天下的典範準則。

註一四〇　瀧川資言《史記會注考證》引中井積德曰：「上下皆三句一韻，則此『大矣哉』宜作一句，但上少一字，蓋脫去。」

註一四一　宇，天下。縣，赤縣，中國古稱爲赤縣神州，見《史記．孟荀列傳》。宇縣，指全中國。意，讀入聲。三句意謂：天下都遵循了皇帝的意志，這是多麼偉大呀！

註一四二　常式，永久的典範。瀧川資言《史記會注考證》引盧文弨：「『表垂于常式』，當有一字誤衍。愚按〈碣石銘〉曰：『請刻此石，垂著儀矩』，〈會稽銘〉曰：『請刻此石，光垂休銘』，則此『垂』下『于』字當衍。」三句意謂：群臣頌揚秦始皇的功績，請求把它刻在石上，記載下來作爲永久的規範。

註一四三　同註一二六。

註一四四　覽省，視察。省，音ㄒㄧㄥˇ。以上三句意謂：秦始皇二十九年，始皇春遊，視察遠方。

註一四五　逮，行抵、到達。海隅，海邊。遂，於是。昭，通「照」。三句意謂：到了海邊，登上之罘山，初升的太陽照耀大地。

註一四六　原道，追頌本始。指秦始皇推行法家政策統一六國的過程。至，非常。三句意謂；觀望著這一派廣闊壯麗的景象，隨從大臣都回想起了秦始皇統一六國的過程，非常清楚地展現在眼前。

註一四七　三句意謂：秦國開始實行法治以來，對內獎勵耕戰，富國強兵，對外誅滅了強暴的敵人。

註一四八　旁暢，遍及。禽，通「擒」，俘獲。三句意謂：強大的兵力威振四方，俘獲與消滅了六國國王。

註一四九　闡，開拓。闡併，開拓、兼併，這裡是統一的意思。災害，指諸侯割據稱雄，連年戰爭給人民帶來的禍害。偃，音一ㄢˇ，停止。戎兵，指戰事。三句意謂：統一全國以後，使禍患平息，永遠根除了連年的戰禍。

註一五〇　明德，高明的品德。經理，治理。視聽，指親理政務。怠，鬆懈。三句意謂：有明德的皇帝，親自治理國事，辛勤不懈。

註一五一　作立，制定。大義，法則。昭設，明確設立。備器，指當時為實行統一度量衡所設置的標準器具。章，章服，表示等級的服裝。旗，旌旗。章旗引申為標識、標準。以上三句意謂：制定法則，明確設立了標準器具，使全國度量衡都有了準則。

註一五二　分，讀去聲，本分、職分。遵分，遵守職責，做本分工作。以上三句意謂：有職之臣各守本分，知道自己應該做什麼，沒有什麼不明確的地方。

註一五三　改化，變化的意思。遠邇，遠近，指全國。同度，同一的法度。臨古絕尤，謂遠勝於古。臨，視，比。絕，獨一無二。尤，特出、超常。三句意謂：百姓的社會地位發生了變化，全國統一在中央集權君主專制的政治制度之下，這是前所未有的。

註一五四 常，典法。職，官職。後嗣，子孫。循，遵守。常職，指中央集權君主專制制度。三句意謂：中央集權的政治制度既然已經建立，子孫後代就要維護這個事業，永遠承繼聖王的德教。

註一五五 嘉，贊美。祗，敬。三句意謂：群臣贊頌皇帝的功德，敬述皇帝統一中國的神聖事業，請求將它刻在之罘東觀。

註一五六 張君，楊守敬《水經注疏要删》（卷五，頁一八八）以爲張晏，著有《地理記》一書。或謂張揖、張折，並誤。

註一五七 遂，有「因」的意思，不能做發語詞，其上應有敍述「遂興師旅」原因的文字，已脫佚。師旅，軍隊的統稱。戮，殺。誅戮，討伐。無道，不行正道。這裡指六國諸侯。爲逆，叛亂，指六國諸侯。息，同「熄」。三句意謂：秦始皇爲了完成統一中國的大業而起兵，討伐不行正道的六國諸侯，並消滅了他們。

註一五八　殄，ㄊㄧㄢˇ，滅絕。暴逆，指六國諸侯叛亂份子。文，法令明文。復，免除。文復無罪，以法令明文赦免因觸犯六國刑法而被罰作勞役的無辜百姓。庶，民衆。三句意謂：秦始皇以武力鎮壓六國諸侯叛亂份子，以法令明文赦免因觸犯六國刑法而被罰作勞役的無辜百姓，於是全國上下人心歸服。

註一五九　惠，賜。惠論功勞，意爲按功勞的大小，給予獎勵。賞及牛馬，這裡形容連牛馬也得到好處。肥，肥沃。引申爲豐裕充足。恩肥土域，指秦始皇的恩惠無所不到，豐裕全國。三句意謂：秦始皇按照功勞大小，分別給予獎勵，他的恩惠遍及全國，連牛馬都分享了恩澤。

註一六〇　德，這裡指「武德」，即按法家政策，以武力兼併諸侯。初一，第一次統一。泰宇，天下。三句意謂秦始皇奮發威力，以武力兼併六國諸侯，使天下第一次得到統一和太平。案「宇」原作「平」。「平」字非韻。凌稚隆《史記評林》：「『泰平』疑是『泰宇』，方叶韻。」姚南菁曰：「別本，平作『宇』。」江有誥《先秦韻讀》：「當作『宇』。」今據改。泰宇，猶言天下。又中井積德曰：「『皇帝奮威』至『泰平』三句，亦似鶻突，且韻不諧，蓋篇首之脫文，錯在此也。豈『泰平』之文訛而失韻邪？抑更脫三句而韻不諧邪？」（瀧川資言《史記會注考證》引）篇首脫文之說，頗有見地，錢泳僞本即移此三句於文端，惟改「皇帝奮威」爲「皇帝建國」，「初一泰平」爲「初平泰壹」。

註一六一　墮，音ㄏㄨㄟ，毀壞。城，內城。郭，外城。城郭，這裡泛指六國諸侯遺留下來的關塞和堡壘。決通，挖通。川防，指六國在邊境利用大河堤防築成的障礙。夷，平整。三句意謂：拆毀六國諸侯遺留下來的城堡，決通六國利用河堤築成的障礙物，剷除了六國諸侯分裂割據的憑借，掃除了不利於統一國家的政治、經濟、文化交流的種種障礙。

註一六二　地，疆域。勢，局勢。黎庶，黎民、百姓。繇，即「傜」，勞役。撫，安。三句意謂：統一的疆域和局勢已定，百姓沒有傜役，天下都安定。

註一六三　疇，田地。修，從事。業，家庭手工業。序，秩序。三句意謂：男的樂於耕種，女的從事家庭手工業，各行各業井然有序。

註一六四　惠，恩澤。被，覆蓋、遍及。諸產，各行各業。並，同、和。久，久田。這裡指久住當地的農民。來田，這裡指從外鄉遷移來墾荒的農民。所，處所。安所，各安其居。三句意謂：秦始皇的恩惠遍及各行各業，使得當地的農民和外來的農民無不安居樂業。

註一六五　烈，功業。儀矩，準則、規範。三句意謂：群臣頌揚秦始皇的功業，請求在碣石門刻辭，讓秦始皇的法治措施一直留傳下去，成為後世的規範。

註一六六　秦望山，山名，在浙江紹興縣東南。《水經注》四十漸江水：「秦望山在州城正南，為衆峰之傑，陟境便見。《史記》云：秦始皇登之以望南海。自平地以取山頂，七里，懸隥孤危，徑路險絕。」或謂在浙江餘杭縣（明田汝成《西湖遊覽志》二四浙江勝蹟），或謂在江蘇江陰縣西南（明顧祖禹《讀史方輿紀要》二五常州府江陰縣），並係傅會。

註一六七　大篆，當謂小篆為是，張守節《史記正義》云：會稽刻石，「文字整頓，是小篆字。」

註一六八　宋陸游《劍南詩藁》二三〈登鵶鼻山至絕頂訪秦刻石〉：「秦皇馬跡散莓苔，如鐫非鐫鑿非鑿，殘碑不禁野火燎，造物似報焚書虐。」陸氏所訪刻石，當與姚寬同。

註一六九　休烈，見註一三〇。

註一七〇　壹，〈繹山刻石〉：「壹家天下」，並同。《史記》作「一」，當係後人傳抄所改。

註一七一　攸，〈繹山刻石〉：「咸思攸長」，並同。《史記》作「脩」，當係後人傳抄所改。司馬貞《索隱》：「脩亦長也，重文耳。王邵按張徽所錄會稽南山秦始皇碑文，脩作『攸』。」以上三句意謂：秦始皇建立了豐功偉績，平定、統一了中國，恩德和好處是長久的。

註一七二　卅，《史記》作「三十」，案本篇四字爲句，此不當多一字，當係後人傳抄誤衍。參看註七三、一二六。

註一七三　窺䡾，〈繹山刻石〉：「窺䡾遠方」，〈泰山刻石〉：「窺䡾遠黎」，並同，《史記》作「親巡」，當係後人所改。參看註五〇。

註一七四　三句意謂：秦始皇在即位後的三十七年，親自巡視天下，周遊觀覽遠方。

註一七五　宣，闡揚。省，視察、檢查。齊，通「齋」，敬。《史記》作「齋」，當係後人所改。莊，莊重。三句意謂：於是登上會稽山，視察整頓民情風俗，了解到這裡老百姓的風俗習慣是嚴肅莊重的。

註一七六　速，見註五二。

註一七七　道，言。《史記》楓、三、謙、岩、狩、高、中彭諸本作「首」，中統、彭、游、韓、嵯諸本作「守」。（見水澤利忠《史記會注考證校補》）司馬貞《索隱》：「今檢會稽刻石文『首』字作『道』，雅符人情也。」王叔岷《史記斠證》（卷六）：「案『首』、『守』並『道』之借字。『道』字古讀若『守』，『守』、『首』同音，故可通用。」高明，指秦始皇。以上三句意謂：群臣頌揚秦始皇的功績，想到創立事業的經過情況，追述了秦始皇的英明。

註一七八　秦聖，這裡指秦始皇。臨國，指即位。刑名，這裡指法家的名實相符、賞罰分明的統治方法。陳，宣揚。舊章，指商鞅等前期法家所制定的規章制度。三句意謂：秦始皇親自執政以後，開始確定了崇尚刑名的法家政治策略，明白地宣揚了前期法家所制定的規章制度。又「章」，張守節《正義》作「彰」，云：「碑文作『璋』也。」案章、彰、璋皆通假字，古書恒見。戰國初期，魏李悝撰次諸國法爲《法經》六篇，「商鞅受之以相秦」（《晉書·刑法志》），從而加以補充、發展，成爲最早的「秦律」。其後秦律續有擴增，一九七五年十二月湖北雲夢睡虎地出土秦律，即是由商鞅到秦昭王這段時期，逐步累積而撰成的。及至秦王政臨位後，即將這些舊有的各種單行成文法規，統一編纂爲成文法典，而公佈推行於全國各地。參見栗勁《秦律通論》（山東人民出版社，一九八五年五月）、孔慶明《秦漢法律史》（陝西人民出版社，一九九二年三月）。

註一七九　平，統一。法式，法律制度。審，審查。三句意謂：第一次在全國範圍內統一了法律制度，審查和明確了官吏的職責，建立歷久不變的綱紀。案，「灋」，「法」之古字，見《說文》（十篇上）。睡虎地秦簡「灋」字凡三十四見（《語書》出現最多），無有作「法」者。《史記》作「法」，當係後人所改。

註一八○　專，獨斷專行。倍，通「背」，背棄。強，《史記》作「彊」。張守節《正義》：「碑文作『率衆邦強』。」三句意謂：六國的諸侯王獨斷專行，背信棄義，貪婪殘暴，驕傲凶猛，擁兵稱霸。

註一八一　恣，放縱。負，仗恃。數，音ㄕㄨㄛˋ，屢次。三句意謂：他們殘暴酷虐，行爲放縱，倚仗自己的武力，十分傲慢，屢次挑起戰爭。

註一八二　陰，暗中。閒，同「間」，去聲。間使，以使者爲名去從事間諜活動的人。合從（縱），六國協力攻秦。辟，同「僻」，乖。方，道。僻方，不合軌道。三句意謂：他們暗中派遣間諜，聯合起來反對秦國，行爲不合正道。

註一八三　飾，掩飾、僞裝。詐謀，司馬貞《索隱》：「刻石文作『謀詐』。」三句意謂：他們在內部互相搞陰謀詭計，對外侵略秦國的邊境，於是帶來了戰爭的災難。

註一八四　三句意謂：秦始皇以正義和威力去討伐，鎭壓了殘暴和逆亂，滅亡了六國君主。

註一八五　廣，宏大。密，這裡指深厚。六合，天地四方。被，蒙受。無疆，無限。三句意謂：秦始皇的恩德宏大深厚，普天之下蒙受了他無限的恩澤。

註一八六　并宇，統一天下。兼聽，聽取各方面的意見。三句意謂；秦始皇統一天下後，聽取各方面的意見，對全國的情況了解得非常清楚。

註一八七　群物，天地間的各種各樣事物。三句意謂：運用和治理天地間的萬物，用事實加以檢驗，從而規定他們的名稱。

註一八八　通，通「同」。靡，無。三句意謂：不管是尊貴的人或卑賤的人，他們所做的好事壞事都了解得很清楚，沒有什麼事情可以瞞過朝廷。

註一八九　飭，通「飭」，整治、修整。省，讀爲「眚」，音ㄒㄧㄥˇ，過失；裴駰《集解》引徐廣云一作「非」，義同。義，這裡指傳統社會的道德規範，與孔孟鼓吹的「義」，內容與用意均有不同。貞，貞操。三句意謂：改正錯誤，宣揚道德，女子有了子女再嫁，就是背棄已死的丈夫，不守貞操。案這是秦始皇公開宣揚傳統道德的開始。

註一九〇　內外，這裡指男女。淫泆，縱慾放蕩。泆，同「佚」，放蕩。絜，通「潔」。絜誠，形容人的品德高尚。三句意謂：防止男女混雜不清，禁止縱慾放蕩，這樣大家都會變成品德高尚的人。

註一九一　豭，音ㄐㄧㄚ，公豬。寄豭，寄放在別家傳種的公豬。借以比喻入別人家中淫亂的男子。《左傳》定公十四年：「既定爾婁豬，盍歸吾艾豭？」秉，遵守。程，規範。三句意謂：做丈夫的人搞不正當的男女關係，殺死他是沒有罪的，這樣男人才能遵守道德規範。

註一九二　逃嫁，指棄夫改嫁。子不得母，王駿觀《史記舊註平義》：「言妻若棄夫逃嫁，其子不得以之爲母，以其與父義絕也。此秦定法令之本意，所以深嫉背夫逃嫁之妻也。」化，教化。廉，清白、廉潔。三句意謂：做妻子的棄夫改嫁，子女不能認她作母親，這樣才能使社會的風氣廉潔清白。

註一九三　濯，洗去污垢。這裡引申爲整頓。顧炎武《日知錄》（卷十七）「秦紀會稽山刻石」條云：「秦始皇刻石凡六，皆鋪張其滅六王併天下之事。其言黔首風俗，在泰山則云『男女禮順，愼遵職事。昭隔內外，靡不清淨。』在碣石門則云：『男樂其疇，女修其業。』如此而已。惟會稽一刻其辭曰：『飾省宣義，有子而嫁，倍死不貞。防隔內外，禁止淫泆，男女潔誠。夫爲寄豭，殺之無罪，男秉義程。妻爲逃嫁，子不得母，咸化廉清。』何其繁而不殺也！考之《國語》，自越王句踐棲於會稽之後，惟恐國人之不蕃，故令壯者無取老婦，老者無取壯妻。女子十七不嫁，其父母有罪。丈夫二十不取（娶），其父母有罪。生丈夫二壺酒一犬，生女子二壺酒一豚，生三人公與之母，生二人公與之餼。《內傳》子胥之言亦曰，越十年生聚。《吳越春秋》至謂句踐以寡婦淫泆過犯皆輸山上，士有憂思者，令游山上以喜其意。當其時，蓋欲民之多而不復禁其淫泆。傳諸六國之末，而其風猶在，故始皇爲之厲禁，而特著於刻石之文。以此與滅六王併天下之事並提而論，且不著之於燕齊而獨著之於越，然則秦之任刑雖過，而其坊民正俗之意固未始異於三王也！漢興以來，承用秦法，以至今日者多矣。世之儒者言及於秦，即以爲亡國之法，亦未之深考乎！」

註一九四　休，美善。以上三句意謂：徹底地管理和整頓社會風氣，使天下的人們繼承良好的風尚，蒙受良好的治理。

註一九五　軌度，《史記》作「度軌」。軌，規矩。度，法度。敦勉，敦厚盡力。順，順心、稱心。令，這裡指善美。三句意謂：大家都遵守統一的規矩和法度，和睦平安，敦厚盡力，沒有不稱心和不美好的。

註一九六　修潔，這裡指講究修養道德品質。嘉，這裡指歡樂。泰平，太平。泰，〈繹山刻石〉：「既獻泰成」、「自泰古始」，並同。《史記》作「太」，當係後人傳抄所改。三句意謂：老百姓都講究道德品質，樂意遵守同一的法規，歡樂地過太平生活。

註一九七　後，指子孫。灋，《史記》作「法」，見註一七九。輿，車。輿舟不傾，水陸平安，指天下太平。三句意謂：後世如果認眞地敬奉典教，厲行法治，長久地治理下去，就會天下太平。

註一九八　烈，功業。休，美善。銘，記載。三句意謂：群臣頌揚秦始皇的功績，請求銘刻此石，使秦始皇的光輝事績永世流傳。

參考書目

(一)金石之屬

1.〔清〕葉昌熾：《語石》，商務印書館，一九三六年。
2.羅振玉：《秦金石刻辭》，一九一四年影印本。（東海大學圖書館藏）
3.林鈞：〈記瑯琊臺秦刻石東面釋文〉，國立中山大學語言歷史學研究所週刊，一九二九年十月。
4.容庚：《秦漢金文錄》，北平國立中央研究院石印本，一九三一年。（東海大學圖書館藏）
5.容庚：《古石刻零拾》，北平刊本，一九三四年十二月。（中央研究院傅斯年圖書館藏）
6.容庚：〈秦始皇刻石考〉，《燕京學報》第十七期，燕京大學，一九三五年。

7.絜齋主人：《石刻篆文編》，臺北，世界書局影印，一九六一年。
8.唐蘭：〈石鼓年代考〉，《故宮博物院院刊》，一九五八年第一期。
9.《秦泰山刻石瑯邪臺刻石》，日本東京二玄社影印書道博物館藏拓本，一九五九年六月。
10.「秦始皇金石刻辭注」注釋組：《秦始皇金石刻辭注》，上海人民出版社，一九七五年八月。
11.《石刻史料新編》（第一、二輯），新文豐出版公司，一九七七、一九七九年。
12.黃敬雅：《李陽冰的研究》，新竹市，國興出版社，一九八五年九月。
13.施拓全：《秦代金石及其書法研究》，國立高雄師範大學國文研究所碩士論文，一九九二年五月。

㈡《史記》之屬

1.〔漢〕司馬遷：《史記》，明倫出版社影印，一九七二年。

2.〔明〕凌稚隆（輯校）、李光縉（增補）、〔日本〕有井範平（補標）：《史記評林》，蘭臺書局影印明治十六年日本刊本，一九六六年。

3.〔日本〕瀧川資言：《史記會注考證》，樂天出版社影印昭和九年日本東方文化學院排印本，一九七二年。

4.〔日本〕水澤利忠：《史記會注考證校補》，廣文書局影印日本東京文理科大學漢文學教室排印本，一九七二年。

5.陳直：《史記新證》，天津人民出版社，一九七九年。

6.王叔岷：《史記斠證》，中央研究院歷史語言研究所專刊之七十八，一九八三年十月。

7.王利器（主編）：《史記注譯》，三秦出版社，一九八八年十一月。

8.張大可：《史記全本新註》，三秦出版社，一九九〇年六月。

㈢其他

1.范文瀾：《中國通史簡編》（修訂本第二編），香港南國出版社。

2.楊寬：《秦始皇》，上海人民出版社，一九五六年。
3.錢存訓：《中國古代書史》，香港中文大學，一九七五年三月。
4.張其昀：《中華五千年史》（秦代史），中國文化大學出版部，一九八一年三月。
5.馬非百：《秦始皇帝傳》，江蘇古籍出版社，一九八五年六月。
6.吳梓林、郭興文：《秦始皇帝》，西北大學出版社，一九八六年十二月。
7.郭志坤：《秦始皇大傳》，三聯書店上海分店，一九八九年三月。

以上爲參考書之部份。其餘零星徵引凡八十餘種，具詳本文中，不贅。又宋、元、明、清金石家著述，將近百種，撰有有關題跋、劄記，其書大多收羅於《石刻史料新編》（新文豐出版公司）中，其詳目則見於容庚〈秦始皇刻石考〉附錄，以及楊殿珣《石刻題跋索引》（《石刻新編》第一輯第三十冊），少有遺漏。唯經逐書檢讀結果，其內容多半雷同淺略，少有深究發明，故亦不一一臚舉。

圖一　繹山刻石　長安本

圖二　繹山刻石　紹興本

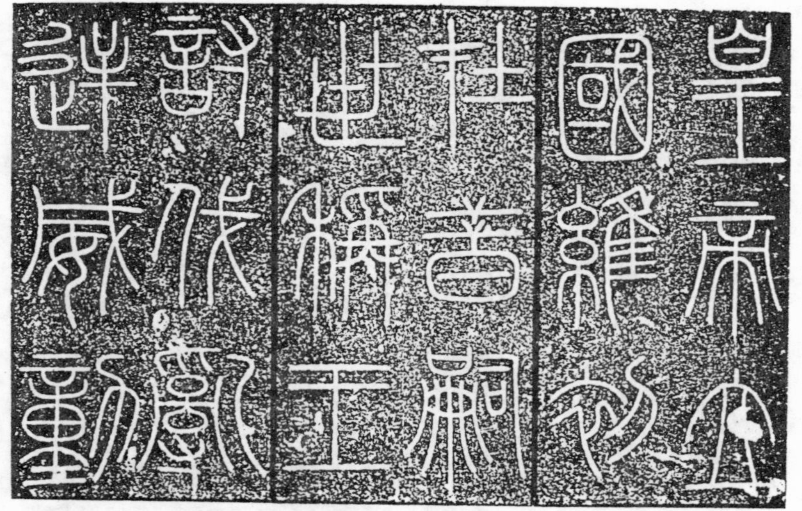

圖三　繹山刻石　鄒縣本

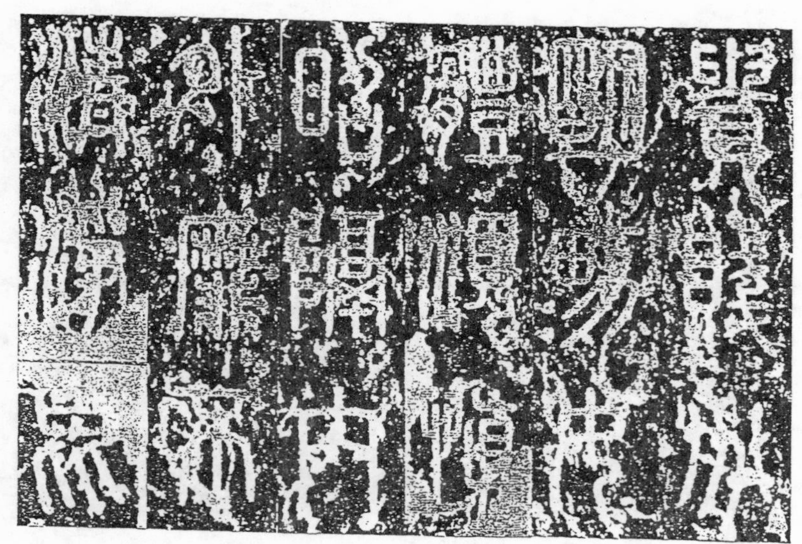

圖四　泰山刻石　安國本

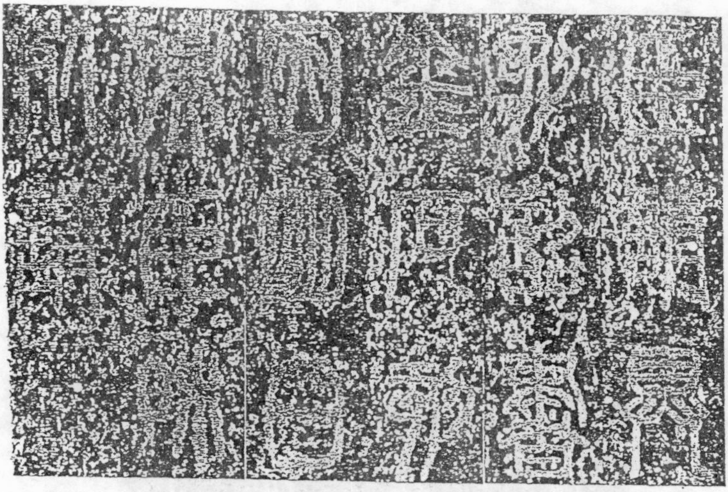

圖五　泰山刻石　安國本

圖六　泰山刻石　十字本

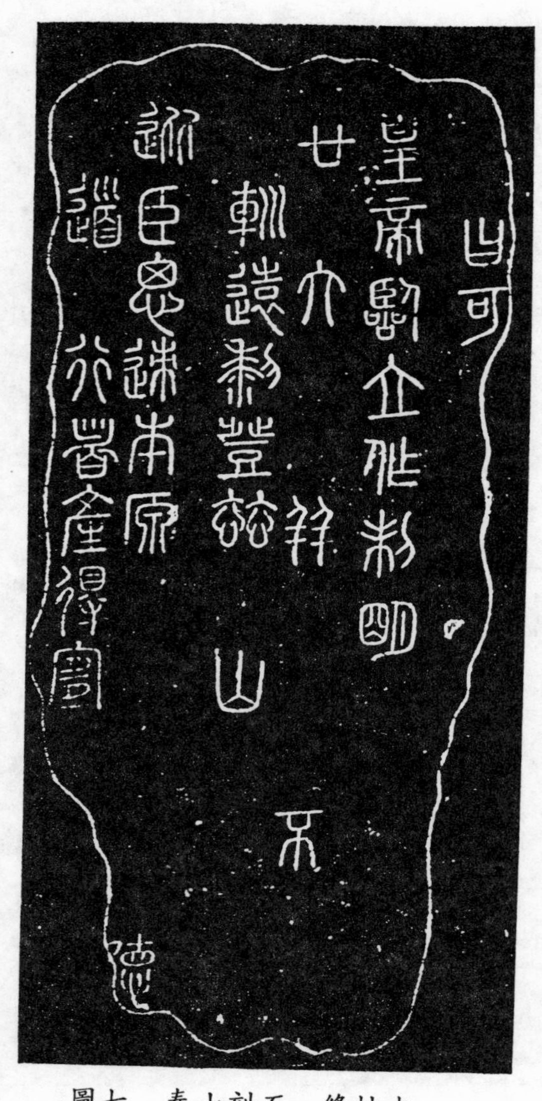

圖七　泰山刻石　絳帖本

圖八　泰山刻石　廿九字本

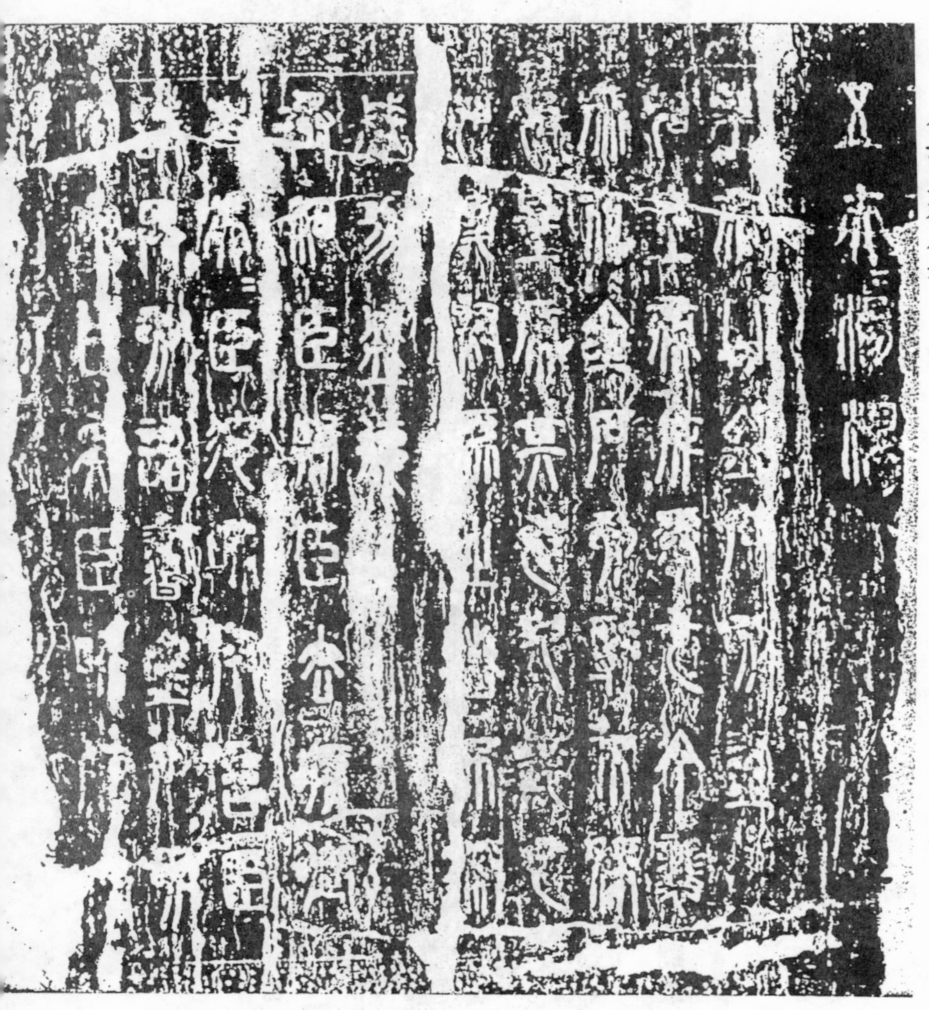

圖九　琅邪刻石　原石拓本

維廿六年
皇帝作始
端平法度
萬物之紀
以明人事
合同父子
聖智仁義
顯白道理

圖十　琅邪刻石　嚴可均寫本

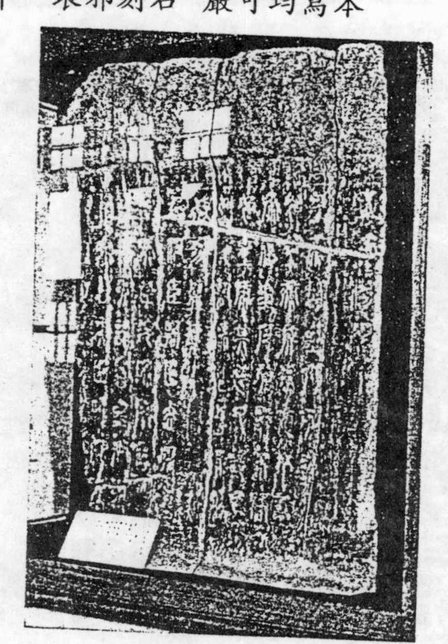

圖十一　琅邪刻石　山東省博物館藏原石

圖十二　之罘刻石　汝帖本

圖十三　碣石刻石　錢泳本

圖十四　碣石刻石　吳儁本

圖十五　碣石刻石　無名氏本

圖十六　會稽刻石　申屠駉本

圖十七　會稽刻石　錢泳本

圖十八　會稽刻石　鄭芸青翻日本本